アフターChatGPT

生成AIが変えた世界の生き残り方

Yasumasa Yamamoto
山本　康正

PHPビジネス新書

はじめに

２０２２年11月30日、「ChatGPT」が無料公開され、瞬く間に世界中から注目を集めました。

ChatGPT はサンフランシスコを拠点とするオープンＡＩによって開発された「対話型ＡＩ」、簡単に言うとＡＩチャットボットです。

オープンＡＩのウェブサイトにアクセスし、アカウントを作れば、誰でも無料で使えるこの対話型ＡＩは、早くもリリースから6日目で１００万ユーザーを突破。これは史上最速級のスピードです。１００万ユーザーを突破するまでにツイッターは２年、フェイスブックは10ヵ月、インスタグラムは２ヵ月を要していることを振り返ると、ChatGPT のスピードが、いかに驚異的かがわかるでしょう。

従来のチャットボットとの大きな違いは、自然言語、つまり私たちが普段の会話で使っている言葉で、さらになめらかにコミュニケーションが取れる点です。

これまでの、企業の公式サイトなどに設置されているチャットボットは、ユーザーである人間の質問に対して、定型的な応答をすることしかできませんでした。

例えば、金融機関の問い合わせ用チャットボットであれば、入力された文章中に「振込」のキーワードがあった場合は振込方法の情報を出力するというように、パターン認識で一律に応答するものが多くありました。問い合わせ用チャットボットを試しに使ってみたものの、使い勝手のレベルに「まあ、こんなものだろう」と感じた経験がある人は多いのではないでしょうか。

しかし、ChatGPTはこれまでのチャットボットとは一線を画《かく》するものでした。まるで人間が応答しているかのような自然でなめらかな文章を数秒で自動生成し、対話をすることができたのです。

2023年1月の時点でユーザー数は1億人を突破。日本語にも対応しているため日本のユーザー数も急速に増え、4月10日に来日したオープンAIのCEOサム・アルトマンは、自民党本部での会合に出席し、日本のユーザーが100万人を超えていると明らかにしました。この来日時には、岸田文雄首相との面会も行なっています。

これほどまでに素早く、広く普及したＡＩテクノロジーは、かつてなかったでしょう。ChatGPTが、テクノロジー業界だけでなく、一般の人たちにも驚きをもって迎えられていることの証左と言えると思います。

ChatGPTは文章を自動で生成するＡＩですが、画像や音楽などを自動で生成するＡＩも次々と登場しています。これらを「生成ＡＩ（Generative AI）」と呼びます。

本書では、ChatGPTをはじめとする生成ＡＩが、なぜ今登場したのか、そして、ChatGPT登場後＝「アフターChatGPT」のビジネスはどのように変わるのかについて述べていきます。

なお、生成ＡＩをめぐる動きは非常に速く、本書に掲載している情報は２０２３年５月時点のものであることをご了承ください。

③「Send a message.」の欄に、質問したいことを書く。日本語にも対応している。

④日本語で質問すれば、ChatGPT が自然な日本語で回答する（英語で質問すれば、英語で回答）。その回答に対して、さらに質問をすると、文脈を踏まえて次の回答をする。

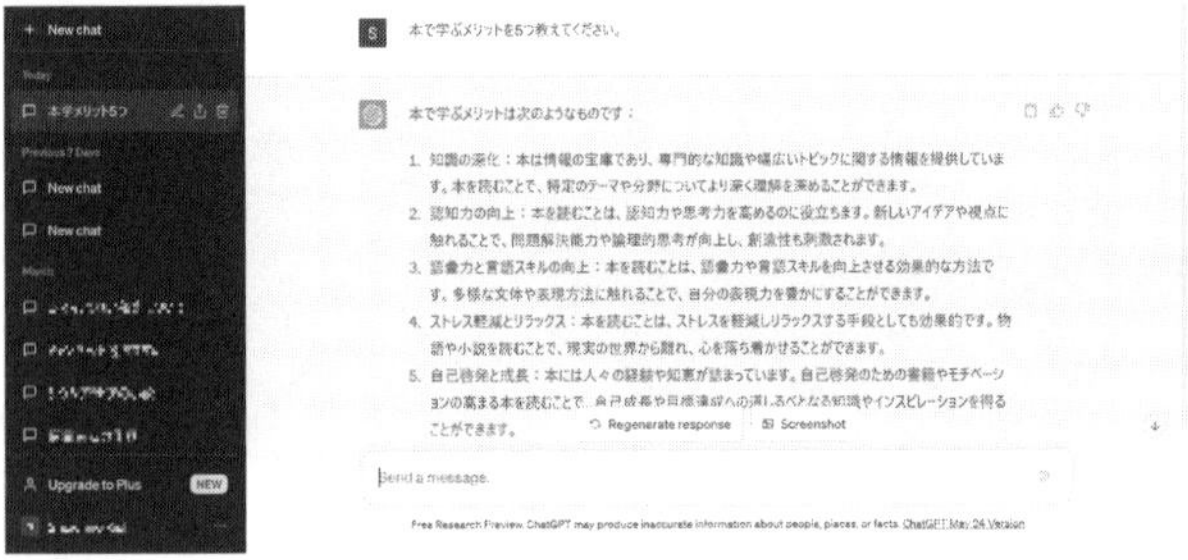

「表にして」と質問すると、表にして回答してくれるなどの機能もある。

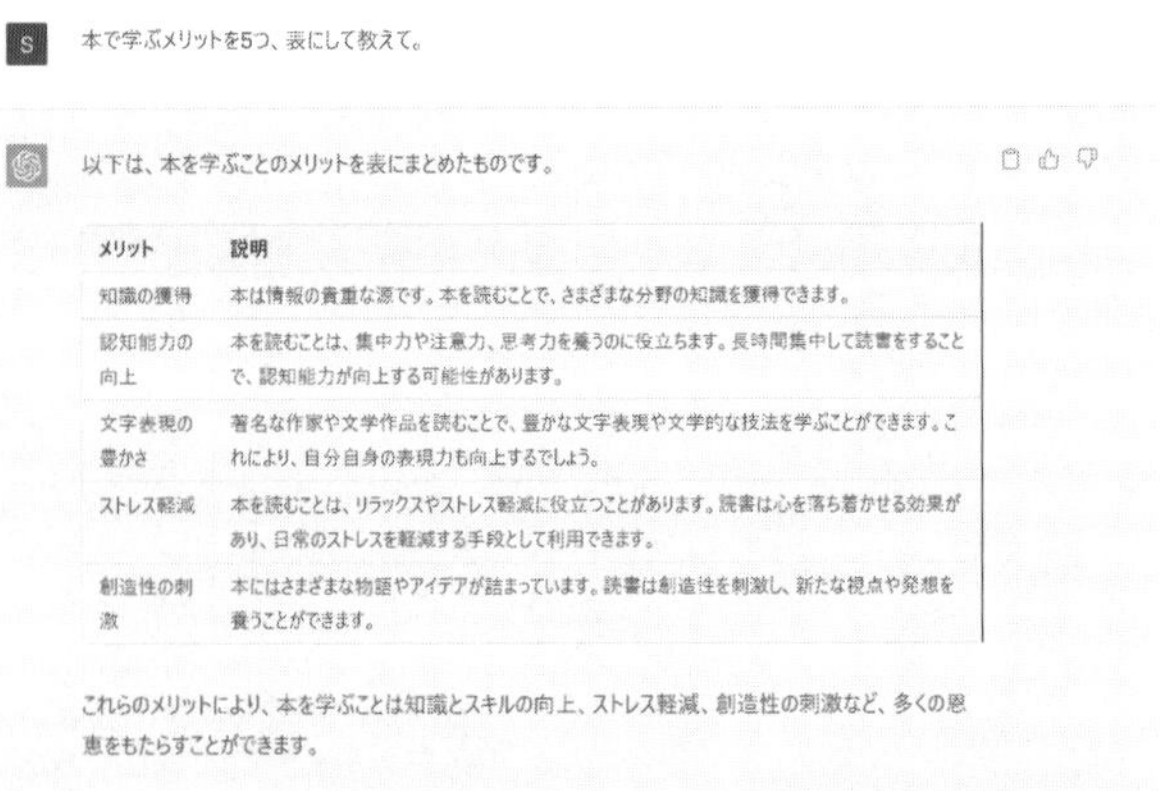

本で学ぶメリットを5つ、表にして教えて。

以下は、本を学ぶことのメリットを表にまとめたものです。

メリット	説明
知識の獲得	本は情報の貴重な源です。本を読むことで、さまざまな分野の知識を獲得できます。
認知能力の向上	本を読むことは、集中力や注意力、思考力を養うのに役立ちます。長時間集中して読書をすることで、認知能力が向上する可能性があります。
文字表現の豊かさ	著名な作家や文学作品を読むことで、豊かな文字表現や文学的な技法を学ぶことができます。これにより、自分自身の表現力も向上するでしょう。
ストレス軽減	本を読むことは、リラックスやストレス軽減に役立つことがあります。読書は心を落ち着かせる効果があり、日常のストレスを軽減する手段として利用できます。
創造性の刺激	本にはさまざまな物語やアイデアが詰まっています。読書は創造性を刺激し、新たな視点や発想を養うことができます。

これらのメリットにより、本を学ぶことは知識とスキルの向上、ストレス軽減、創造性の刺激など、多くの恩恵をもたらすことができます。

ChatGPTとは

「そもそもChatGPTって何?」という方のために、初めに基本的な使い方をご紹介しましょう。

　スマホ用アプリやChatGPTを搭載したさまざまなサービスもありますが、ここでは開発元であるオープンAIのウェブサイトでの、無料版の利用法を説明します。

①オープンAIのChatGPTのページ（https://openai.com/blog/chatgpt）を開き、「Try ChatGPT」をクリックする。

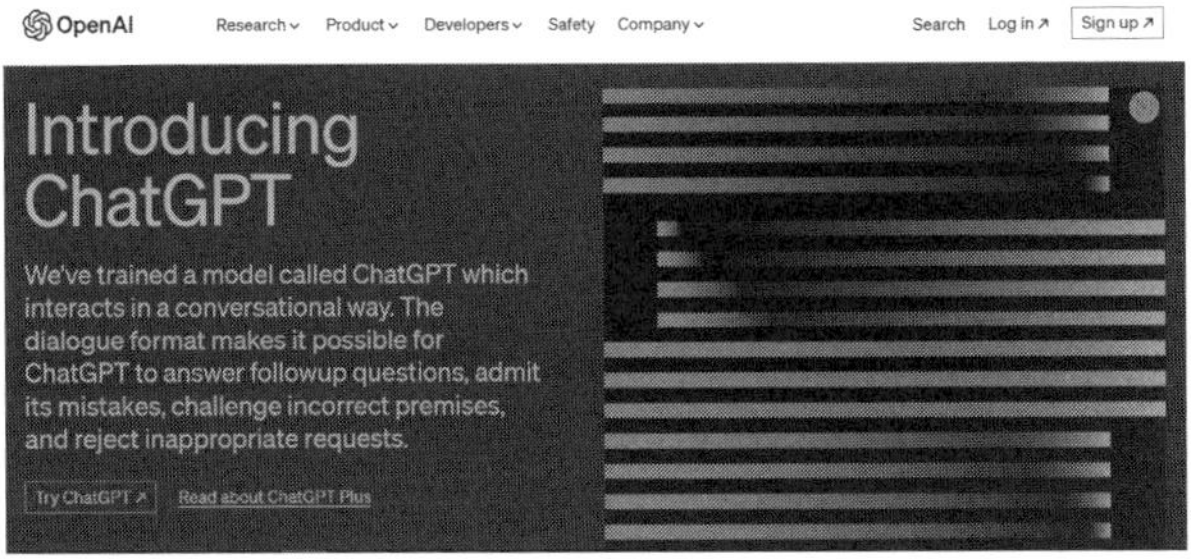

②「Sign up」をクリックしてアカウントを作り、ログインする。もしくは、「Log in」をクリックして、グーグル、マイクロソフト、アップルのいずれかのアカウントでログインする。

【図0-1】ChatGPTでできる主なこと

文章作成	例えば、「下記の内容を含んだビジネスメールの文面を作ってください」などと、内容の箇条書きとともに指示すると、そのような文面を生成する。「以下の文章を推敲してください。修正理由も教えてください」などの指示にも回答する。「英語で書いてください」と指示すれば、英語で文章が生成される。
要約	文章の要約ができるほか、ブラウザ「Chrome」の拡張機能でChatGPTを使い、YouTube動画の内容を文章で要約する、といったこともできる。
ブレスト	例えば、「あなたは〇〇です。〇〇の提案をします。アイデアを3つ出してください」といった指示をすると、そのようにアイデアを回答する。ネーミングなどのアイデア出しや旅行のプランニングなどにも使える。
企画書づくり	アイデア出しやスライドの構成、見出し、キャッチコピー、文章を考えることなどに使える。
プログラミング	JavaScriptやPython、C言語などで作りたいプログラムを指示すると、コードを回答する。ただし、現状では、そのままでは動かないことが多いので、人間による修正が必要。
その他、業務の効率化	例えば、Excelの関数やマクロも、ChatGPTに質問すると回答する。

アフターChatGPT
生成AIが変えた世界の生き残り方

目次

第1章 ChatGPTの衝撃

第2章

なぜ今、生成AIが登場したのか

第3章

「アフターChatGPT」のビジネス

衝撃

第1章

ChatGPTの

爆発的に普及したのは誰でも使えるようにしたから

彗星《すいせい》のように登場したChatGPTですが、突発的に誕生したわけではありません。

ChatGPTの開発元であるオープンＡＩは、２０１８年に「ＧＰＴ－１」という「大規模言語モデル（ＬＬＭ）」を発表しています。大規模言語モデルとは、ＡＩが自然言語を処理するためのモデルです。以降、ＧＰＴ－２、ＧＰＴ－３と、パラメータ数（ＡＩの性能を調整する変数のこと。一般的に増やすほど複雑な問題に対応できるようになる）とデータ量を大幅に増加させて、アップグレードを重ねてきました。ChatGPTが使っているのは、ＧＰＴ－３・５です。

ＧＰＴ－３までは一部のＡＩ研究者やエンジニアなどが使うことが多く、その進化は一般ユーザーにはあまり伝わっていませんでした。ところが、ChatGPTは多くの

ChatGPTは誰でも簡単に使えるようにしたことで急速にユーザー数を伸ばした（写真：ZUMA Press／アフロ）

人が利用できる、使いやすいインターフェイスで提供され、口コミが口コミを呼びました。これによって爆発的に普及することになったのです。

さらに畳み掛けるように、2023年3月には、さらなる進化版となるGPT－4が公開されました。有料のChatGPT Plusでは、GPT－4を利用することができるようになっています。

「オープンAI」とはどんな組織なのか

では、ChatGPTによって世界に名を知られることになったオープンAIとは、どのような組織なのでしょうか。

オープンAIは、人間レベルのAI構築を目指し、利益よりも社会や人類に恩恵を

オープンAIのCEOサム・アルトマン（写真：AP／アフロ）

もたらすことを優先する非営利のＡＩ研究機関として、２０１５年に設立されました。

設立にあたっては、テスラやスペースXの創業者であるイーロン・マスク、PayPalの創業者ピーター・ティールといったＩＴ業界の著名人たちから10億ドルの寄付を受けたことでも話題になっています。

現在は資金調達のために、一部、営利化しているオープンＡＩですが、掲げるビジョンや組織としての柔軟性、意思決定の速さなど、研究開発の環境に魅力を感じた優秀な研究者やエンジニアが数多く集まり、短期間で世界有数のＡＩ研究所へと成長を遂げました。

現在、オープンＡＩのＣＥＯを務めているのは、設立時にイーロン・マスクらとともに資金を提供し、かつては投資会社「Ｙコンビネーター」の代表としてスタートアップ支援を行なっていたサム・アルトマンです。

アルトマンは、２０１８年にイーロン・マスクが取締役を退任した翌年にＣＥＯに就任。研究開発にも密接に関与しており、そのオープンな企業精神が組織の支柱になっています。

なお、イーロン・マスクの取締役退任は、自動運転のためにＡＩを開発しているテスラとの利益相反やＡＩ開発に関する方向性の違いが理由だとされています。

ただ、ChatGPT が発表された後、イーロン・マスクは ChatGPT がもたらす悪影響への懸念を表明し、２０２３年４月、独自の対話型ＡＩ「TruthGPT」を開発することを表明しています。設立時には応援をしていたのですが、途中からは競争相手になりつつあるのです。

生成ＡＩ戦国時代、マイクロソフトの猛追

オープンＡＩの技術に注目したのが、マイクロソフトでした。

同社は２０１９年からオープンＡＩに大規模な出資を行なっています。その背景にあるのは、マイクロソフトがＡＩ開発において後《おく》れを取っていたことでしょう。

２０１２年、画像認識の精度を競うコンペティション「ＩＬＳＶＲＣ（ImageNet Large Scale Visual Recognition Challenge)」で、トロント大学のジェフリー・ヒントン教授のチームがディープラーニングを用いたモデルを使って驚異的な結果を出しました。これをきっかけに、ＡＩの技術競争が加速していくことになります。

そうした状況下で、２０１４年にグーグルがイギリスのＡＩ開発企業ディープマインドを買収。ディープマインドが開発した「アルファ碁」は、２０１６年に世界トップクラスの棋士・李世乭《イセドル》に勝利して、大きな話題となりました。

また、フェイスブック（現メタ・プラットフォームズ）は２０１３年に「ＦＡＩＲ（Facebook AI Research)」を設立し、顔認識や画像認識などのＡＩ技術への投資を本格化させました。

アマゾンもまた、クラウドサービスで世界シェア１位のＡＷＳ（アマゾン ウェブ サービス）も活用して、「アレクサ」などに関わるＡＩの研究開発に取り組んでいきます。

しかし、テクノロジーを事業の柱とするビッグテックのなかでマイクロソフトだけは、目立ったＡＩでの事業展開や実績を見せていませんでした。

そこで、マイクロソフトのサティア・ナデラＣＥＯは、技術的に先行しているオープンＡＩと提携することで巻き返しを図る道を選んだと推測されます。

もちろん、オープンＡＩ側にとってもメリットはありました。多数の法人顧客を抱えるマイクロソフトに自社の技術を使ってもらい、フィードバックを得ることで、優良な顧客を獲得しつつＡＩを改良していけると見込んだものと思われます。

その目論見《もくろみ》通り、マイクロソフトはオンライン会議システム「Ｔｅａｍｓ」、検索エンジン「Ｂｉｎｇ」、ブラウザ「Ｅｄｇｅ」と、自社製品に次々とオープンＡＩの技術を搭載し、大きな話題を呼びました。

さらに、２０２３年3月にはChatGPTを搭載した「Microsoft 365 Copilot」を発表。ＡＩがWordでスピーチ文を作成したり、Excelの数字を分析したりしてくれる時代が、これまでの想定よりも早く目の前に迫りつつあります。続いて5月には、ウィンドウズそのものにも搭載すると発表しています。

また、マイクロソフトはAzureという、アマゾンのAWSに次いで世界第2位のシェアを持つクラウドサービスを提供していますから、そこにある大量のデータをAIの学習に使うことも考えているものと思われます。

生成AIを躍進させたのはグーグルなどが発表した論文

マイクロソフトの動きに対して、誰よりも焦《あせ》りを感じたのがグーグルでしょう。

グーグルのビジネスの核となっているのが検索エンジンであることは説明するまでもないと思います。検索という市場のシェアでトップを走るグーグルにとって、検索したウェブサイトを一つひとつ訪問せず、目立った広告も表示されず、知りたいことを教えてくれるChatGPTは、脅威の対象であることは想像に難《かた》くありません。

グーグルは、AIの新技術研究をかねてより最優先させてきた企業です。そもそも、ChatGPTが採用しているディープラーニングのモデルである「トランスフォーマー（Transformer）」は、2017年にグーグルとトロント大学の研究者とによる論文で発表されたものです（GPT〈Generative＝生成 Pre-trained＝事前学習した Transformer〉のTはトランスフォーマーの頭文字です）。

インターネットで検索することを「ググる」と呼ぶことが一般的になったように、1998年の創業以来、グーグルの強みは検索エンジンとそれに伴う広告事業でした。

しかし、2016年の新製品発表会において、「モバイルファーストの世界から、AIファーストの世界へと我々は移行している」と宣言。同社が持つウェブ上のあらゆるデータをもとに、AI技術を活用した家庭用音声認識デバイス「Google Home」などの新サービスを続々と発表していきます。

とりわけ2020年代に入ってからのグーグルのAI開発の動きには目覚ましいものがあります。

2021年にはトランスフォーマーをベースに構築した大規模言語モデル「LaMDA（ラムダ）」を発表。ChatGPTと同様、人間との自然なコミュニケーションを実現するために開発されたものです。開発途中の2022年6月に、グーグルのエンジニアが「LaMDAは人間と同じように知性や感情を獲得した存在だ」と主張したことがメディアで取り上げられ、一時は騒動となったほどでした。

このエンジニアにはどうやら宗教的な思想のバックグラウンドがあったようですが、グーグルでAI開発に携《たずさ》わるほどの頭脳を持ったエンジニアがそれほどまでに思い込むほど、LaMDAの精度は高いと見ることもできるでしょう。

慎重姿勢だったグーグルも「Bard」を発表

しかし、グーグルはLaMDAの一般ユーザーの使用には慎重な姿勢を取っていました。精度とクオリティの向上、そしてプラットフォーマーとしての信頼を維持するためです。LaMDAを使った対話型AIが間違った回答をすると、すでにビッグテックになっているグーグルにとって、致命傷になりかねないという懸念があったのでしょう。

対話型AIは質問の意味を理解して回答をするわけではなく、学習したデータをもとに、確率的にもっともらしい文章を生成するものです。性能が向上すれば誤った回答は減っていきますが、ChatGPTも誤った回答をするように、完璧に正しい回答をするわけではありません（これは、ウェブ検索やSNSで見つかった情報にデマなどの嘘の情報が紛《まぎ》れ込んでいるのと同様で、生成AIについても使い手の情報リテラシーの高さが引き続き重要であることを示唆《しさ》しています）。

けれども、ChatGPTという強力な対抗馬が現れたことを受けて、グーグルも動きます。

2023年2月7日、マイクロソフトが検索エンジン「Bing」にChatGPT（実際には、3月に発表されたGPT－4）を搭載したことを発表しました。その前日の2月6日、グーグルは、LaMDAのスモールモデルを使った対話型AI「Bard」をテスト公開したのです。

しかし、この焦りが裏目に出てしまいます。公開されたデモ動画で、「ジェイムズ・ウェッブ宇宙望遠鏡による新発見のなかで、9歳の子どもに教えられることは何？」という質問に対してBardが答えた回答のなかに、「太陽系外の惑星の写真を初めて撮影した」というものがあったのですが、これが誤りであることが指摘されたのです。これを受けて、グーグルの親会社アルファベットの株価が一時9％も下落するという事態が発生しました（その後、グーグルは5月に新たな大規模言語モデル「PaLM（パーム）2」を発表し、BardもLaMDAからPaLM2に移行）。

Bardの特徴は、ChatGPTが公開の時点では2021年9月以前のデータベースしか使っていないのに対して、最新の情報で回答してくれる点です。

目的は、もちろん、グーグル検索に組み込むことでしょう。実際、5月10日には、Google I/Oという年次総会で、検索エンジンに生成ＡＩを組み込むことを発表しています。常に「今」の情報を取り込んだ回答が返ってくることは、大きな強みになるはずです。ただ、引き続きデータのなかに誤りが紛れ込まないかを注視しなければなりません。

現在、オープンＡＩの研究開発チームには、グーグルから移った研究者が多数います。オープンＡＩを設立した当時の中心メンバーの一人であるイーロン・マスクは、グーグルへの対抗意識からオープンＡＩを非営利団体として立ち上げたので、この流れはある意味、必然でしょう。しかし、非営利団体としてだけではデータ処理に膨大な資金が必要なＡＩの開発に限界が見えてきます。

そこに目をつけたのがマイクロソフトのサティア・ナデラＣＥＯであり、イーロン・マスクの当初の意向から逸《そ》れた形であるとしても、マイクロソフトの巨額出資を受け入れて、オープンＡＩはChatGPTを飛躍的に進歩させた、という構図です。

最先端のＡＩ開発の強力なエンジンとなっているのは、テック企業同士の熾烈《しれつ》な開発の切磋琢磨《せっさたくま》だけでなく、引き抜き合戦や、競合を見据えた戦略的な動きの結果でもあるのです。日本企業や政府が経緯を知らずに1社だけと付き合うなどの意思決定をすることは、結果的に損を引き起こす可能性があります。

マイクロソフトとグーグル。この2社を中心として、メタ・プラットフォームズやアマゾンも開発を公表しているビッグテックによる生成ＡＩの覇権争いは、今後も加熱していくことが予想されます。

「画像生成ＡＩ」が描いた絵画がコンテストで優勝

トランスフォーマーの登場によって飛躍的な進歩を遂げたのは、対話型ＡＩだけではありません。2022年以降、作成したい画像のイメージをテキストで指示すると

米コロラド州で開催されたコンテストで1位になった、画像生成AI「Midjourney」を使って描いた作品（提供：Jason M. Allen/SWNS/アフロ）

自動で画像を生成する「画像生成ＡＩ」も急速に進化を遂げています。

オープンＡＩも２０２１年に「DALL・E（ダリ）」という画像生成ＡＩを発表しており、翌年４月には「DALL・E2」を発表していますが、ブームに火が点《つ》いたのは、２０２２年６月にリリースされた「Midjourney（ミッドジャーニー）」による部分も大きいでしょう。

元ＮＡＳＡの技術者であるデビッド・ホルツが代表を務めるアメリカのスタートアップ Midjourney が開発したこのサービスでは、例えば「ゴッホの画風で東京タワーを描いて」と指示すれば、ゴッホの画風、具体的には色彩や構図、画材などの特徴を大量に学習したＡＩが、わずか数十秒ほどで完成度の高い「ゴッホ風の東京タワーの絵」を作り出してくれるのです（よりイメージに近い画像を生成させるには指示の仕方〈プロンプト〉を工夫する必要があります）。

同年８月に米コロラド州で開催されたアートコンテストでは、この Midjourney を使って制作された作品が最優秀賞を受賞。受賞後に制作者が「画像生成AIで作った作品だ」と明かしたことで、「これは芸術の死だ」と報道されるほどの騒動となり、アート の価値や真贋《しんがん》をめぐってさまざまな議論が巻き起こりました。

イギリス発の画像生成AI「Stable Diffusion」のすごさ

ここまでご紹介してきた生成AIはアメリカの企業によるものが主でした。しかし、画像生成AIの分野でMidjourneyの次に注目を集めたのは、イギリスのスタートアップStability AIがドイツのミュンヘン大学のグループなどと共同で開発し、公開した「Stable Diffusion（ステーブル・ディフュージョン）」でした。

Midjourneyが発表されたわずか2ヵ月後に公開されたStable Diffusionの着目すべきところは、オープンソースであり、かつ、商業利用にも制限を設けなかった点です。つまり、膨大なデータを学習済みのソースコードを公開し、無料かつ無制限で「ご自由にお使いください」とオープンにしたのです。ゲリラ商法的な手法とはいえ、これによって画像生成ＡＩの世界が活発化し、一気に市場が開けました。

「ＡＩの学習に無断で画像を使用することは著作権の侵害だ」という意見も出ており、実際、２０２３年に入ってから大手フォトストックサービスのゲッティ・イメージズが、「Stable Diffusion で行なわれていることは知的財産の侵害である」と主張し、提訴している最中です。

とはいえ、オープンソース化してさまざまな人に広く利用してもらい、次のビジネスチャンスを探していくというスタイルは、ＡＩ開発において、この先も続いていくものと予想されます。音楽業界も、ナップスターなどで無料で音楽ファイルを共有するような混乱を経て、今のアップルミュージックなどの定額制音楽ストリーミングサービスに落ち着いているように、新しい手法が出てきたときに一時は混乱し、妥当な手法に落ち着いていくのはよくあることです。

近年のＡＩ開発はスピード勝負の世界です。オープンソース化してビジネスチャンスにつながれば儲けもの。訴えられたら訴えられたで対応をしていく、という考え方が基本にはあるのでしょう。画像生成ＡＩは、その性質上、とりわけ著作権や倫理面の課題が多いことは確かですが、メリットとリスクを天秤《てんびん》にかけた上で、オープンソース化という判断に至っているものと思われます。

ＡＩ開発の最先端を行くアメリカにおいても、いまだ法整備の途上であることを考えると、生き残りがかかっている企業側としては、のんびり法整備を待っていられないというのが本音なのでしょう。

画像編集ソフトのアドビも画像生成ＡＩに進出

既存企業も動き始めています。

画像編集ソフト「Adobe Photoshop」などを展開するアドビは、２０２３年3月から、画像生成ＡＩ「Adobe Firefly（アドビ・ファイアフライ）」の試験運用をスタートさせました。現時点では英語のみの対応ですが、いずれは日本語を含む多言語対応も展開していくでしょう。

Adobe Fireflyのアピールポイントは、合法に権利処理された画像コンテンツのみを利用できるように整備されている点です。著作権問題をあらかじめクリアにしておき、かつ、どのようなＡＩモデルで生成されたかも確認できる仕様にしているため、企業が安心して商用利用できるコンテンツ制作に貢献できるのが他の画像生成ＡＩとの決定的な違いです。

Midjourney や Stable Diffusion が「新しい遊び道具」として盛り上がったことと比べると、クリエイターのユーザーを多数抱えているアドビのスタンスは、最初からグレーな部分の懸念を取り除くことで、ビジネス利用に特化していると言えます。

アマゾンやメタなども生成ＡＩのサービスや大規模言語モデルを続々と発表

生成ＡＩの盛り上がりを受けて、アマゾンも新たな動きを見せました。

２０２３年4月4日には、同日から17日にかけて生成ＡＩを手がけるスタートアップを募集し、支援するプログラムを発表。また、同月13日には、生成ＡＩへの対応を強化したＡＷＳの新サービス「Amazon Bedrock」を発表しました。ＡＷＳ上からテキストや音声、画像などを生成できるようにしたものです。

Amazon Bedrockでは、アメリカのAnthropicの「Claude」、イスラエルのAI21 Labsの「Jurassic-2」、そしてアマゾンが開発した「Titan」という3つの大規模言語モデルと、画像生成ＡＩのStable Diffusionが利用できます。

メタ・プラットフォームズは、すでに２０２２年に、トランスフォーマーをベースにした大規模言語モデル「OPT-175B」を開発し、無償で公開していました。しかし、メタバースの開発を事業の中心に位置付け、2021年には社名もフェイスブックからメタ・プラットフォームズに変更しているほどで、AIよりもメタバースに経営資源を投じてきました。

それでも生成AIの盛り上がりを無視することはできず、2023年2月に、マーク・ザッカーバーグCEOが「トップレベルの」生成AI開発チームの立ち上げを表明。同月に新たな大規模言語モデル「LLaMA」を研究者向けに発表しました。5月には、このLLaMAの微調整モデルをベースに、Stability AIがオープンソースのチャットボット「StableVicuna（ステーブル ビクーニャ）」を発表しています。

また、メタ・プラットフォームズは同年4月に、テキストや画像を自動的に生成するAIを2023年中に商用化する方針を発表しています。

とはいえ、苦境が続いているメタバース事業もあり、生成AIにどこまで本腰を入れられるのかは不明です。

ビッグテック、日本で言うＧＡＦＡＭのなかでは、今のところアップルは生成ＡＩについての目立った動きを見せていません。これは、アップルはiPhoneというハードウェアの売上を中心にしているからだと思われます。しかし、ハードウェアにおいてもソフトウェアの付加価値の割合が増大しているなかで、この流れに影響されないわけにはいかないでしょう。

ＧＡＦＡＭ以外では、ＣＲＭ（顧客関係管理）ツール大手のセールスフォースが世界初となるＣＲＭのための生成ＡＩテクノロジー「Einstein GPT」を、ＺｏｏｍがオープンＡＩと提携して追加した新機能「Zoom IQ」を、それぞれ２０２３年３月に発表しています。

このように世界的な大企業が続々と生成ＡＩ市場に乗り出しており、事例は枚挙《まいきょ》に暇《いとま》がありません。これらの発表が２０２３年に入ってから立て続けにされていることを考えると、生成ＡＩのムーブメントがどれだけ大きなことなのかが実感できるでしょう。

生成ＡＩを活用した新機能をいかに早く実装できるか。それが自分たちのビジネスの命運を分けることを、最前線の経営者たちはすでに理解しているのです。


アジアに目を向けると、やはり中国の動きが目立ちます。

まず、中国の検索最大手・百度（バイドゥ）が、２０２３年３月に対話型ＡＩ「ERNIE Bot（文心一言）」を発表。アリババも同年４月に「通義千問」という対話型ＡＩを発表しました。他にもいくつもの企業が独自開発した対話型ＡＩや大規模言語モデルを発表したり、発表を予定したりしています。

政府の見解と異なる文章や画像が生成されることに危機感を覚える中国政府は、当局による事前審査の義務付けなど、規制の方向に動き出していますが、世界的な潮流のなかで、どこで落とし所を見つけるか、手探りで進めているのが正直なところでしょう。

スタートアップも次々と生成ＡＩをリリース

新興サーチエンジンのYou.comが公開したＡＩチャットボット「YouChat」など、スタートアップからもさまざまな対話型ＡＩが続々とリリースされています。Stable Diffusionの開発元であるStability AIも「StableLM」という大規模言語モデルを発表しました。

２０２３年４月時点では、ChatGPTに匹敵《ひってき》する存在感を見せている対話型ＡＩはまだありませんが、対話型ＡＩ検索エンジン「Perplexity.AI」のように、最新の情報を出典に採用して時事性の高い質問にも高い精度で応答するモデルも登場。トレンドや最新事情に弱いChatGPTとの差別化を図ろうと各社が奮闘している最中です。

これまでのＡＩは主に分析や解析に重点が置かれており、画像認識や音声認識といった分野で活用されることが多かったのですが、今後はこうした、クリエイティブなアウトプットを生み出す生成ＡＩも多くの企業でさまざまな場面で活用され、新しい時代を切り拓《ひら》いていくことになるでしょう。

実際、クリエイティブの分野に目を向けると、ＳＮＳなどからトレンドを特定してラジオ放送を全自動で生成する「RadioGPT」のようなユニークなサービスが、数多くのスタートアップから次々にリリースされています。今後はこうした生成ＡＩがクリエイターを補助し、ビジネスに発展していくケースが増えるかもしれません。

TikTokやYouTubeの再生数を稼ぐために効果的な動画をサジェストする生成ＡＩも考えられるでしょう。そうしたサービスは投稿者にもプラットフォームにも、どちらにも提供することができますし、独立したサービスとして確立させ、プラットフォームを奪いに行くという戦略もあり得ます。

若い世代に人気のカメラアプリ「ＳＮＯＷ」に実装された「ＡＩアバター機能」も爆発的な広がりを見せましたが、同様に、既存の一定数のユーザー数を持っている企業が生成ＡＩを活用して、さらに多くのユーザーを獲得できるケースもこれからも出てくるはずです。「先端のテクノロジー＝スタートアップのもの」と決め付けずに、「自社の顧客に価値を提供するとすれば、どうすればいいのだろうか」と考え続けることが重要です。課金ビジネスや広告ビジネスを通じて、継続的なマネタイズも可能になるでしょう。

生成ＡＩの研究開発は資金量だけで勝利を得られるものではなく、ソフトウェア、ユーザーインターフェースの洗練度や活用できるデータ、優れたアルゴリズムが重要です。そこで求められているのは、いわば知恵の勝負です。ビッグテックではなく、小回りが利くスタートアップが勝者になる可能性もおおいにあります。むしろ、機能実装においてスピード感があるスタートアップのほうが、巨大企業よりも有利かもしれません。

日本企業の生成ＡＩ開発は世界に後れを取っている

日本にも独自の大規模言語モデルを開発しているスタートアップはあります。既存の大企業では、ＬＩＮＥとＮＡＶＥＲが共同で、日本語に特化した大規模言語モデル「HyperCLOVA」を開発しています（HyperCLOVA事業は、２０２３年４月にワークスモバイルジャパンに移管）。２０２３年５月には、サイバーエージェントも大規模言語モデルを発表しました。

ただ、アメリカなどで生成ＡＩの開発に多額の資金投資が続いている状況を見ると、日本は出遅れているのが現状ではないでしょうか。

サンフランシスコのオープンＡＩ本社周辺は、多くのＡＩ開発企業が集まることから「セレブラル（大脳）・バレー」と呼ばれています。物理的に近い場所に集まることで、優秀なエンジニアや研究者たちが情報交換や協力を活発に行ない、新しい技術の発展や革新が加速しています。

しかし、日本企業が視察ではなく提携を持ちかけに訪れて研究開発を学ぶようなケースは少なく、ＡＩ技術の本質を理解して追い付こうとする日本企業はほとんどないように見えます。

現在の生成ＡＩの状況は、１９９０年代にインターネットエクスプローラーやネットスケープが繰り広げたブラウザのシェア争奪戦を彷彿《ほうふつ》とさせますが、今回も日本は取り残されているのかもしれません。

日本の大企業でも生成ＡＩの利用は始まっている

一方、自社開発ではない生成ＡＩを業務に取り入れる動きは、一部ですでに始まっています。

パナソニックコネクトでは、GPT-3・5をベースにした自社向けの対話型AIアシスタントサービス「コネクトGPT（コネクトAIに改称）」を開発し、情報収集や資料作成に利用しています。ChatGPTに関しても、社内規定を定めた上で、積極的に活用していくことを公表しています。

三菱UFJフィナンシャル・グループ、三井住友フィナンシャルグループ、みずほフィナンシャルグループも生成AIの利用を検討しています。

また、三井化学は、これまで時間がかかっていた化学素材の新たな用途を見つけ出す業務に生成AIを導入しました。

2023年4月には、自治体で初めて、神奈川県横須賀市が試験的にChatGPTを導入しました。

しかし、大半の大企業は、警戒心が先立って二の足を踏んでいる状態のようです。それは、生成AIについての理解がなく、「なんとなく怖い」という状態になっていることに起因しているでしょう。大企業の経営陣が生成AIの仕組みや、「何ができて、何ができないか」を理解すれば、十分に自信を持って業務に活用することができるはずです。これはシステム部の部長ではできないことです。

生成ＡＩの進化によって、従来のＡＩが対応できなかった分野や課題に対しても、より柔軟かつ効果的な解決策が提供できるようになりました。

例えば、これまでも、企業の決算発表の新聞記事のような、テンプレートが決まっている文書をＡＩが作成することは可能でした。しかし、マイクロソフトがすでに動いているように、今後はプレゼン資料やＩＲ資料といった、より複雑な文書や資料の生成が可能になっていくでしょう。

生成ＡＩは、企業のオフィス業務をさまざまな面で代替《だいたい》し、効率化を図る、アシスタントとして活用が進んでいくはずです。

もちろん、完璧ではありませんから人間のチェックが必要な場面はありますが、すでに補助的な仕事では、経験の少ない若手社員よりも有能な働きを見せる場面も多くなっています。

生成ＡＩの大波はＤＸの波を後押しする

生成ＡＩのトレンドは未曽有《みぞう》のスピードと規模で世界に浸透している真っ最中です。

近い将来、ChatGPTやトランスフォーマーをしのぐ性能を持つ新しい機構がリリースされてもおかしくありません。すると、すでにＡＩが活用されている分野の進化がさらに進むでしょう。一度、ＤＸ（デジタルトランスフォーメーション）の一貫でＡＩを導入して期待外れだったとしても、進化したＡＩを導入すれば効果が出てくるかもしれません。

マイクロソフトがオープンＡＩに大型出資をしたように、グーグルやアマゾンなど、他のビッグテックも有望なスタートアップと手を組む、もしくは取り込む形で、新たなサービスの開発に躍起《やっき》になっていくはずです。自分たちで開発を続けながらも、有望なところには唾《つば》をつけておく。ベンチャーキャピタルなどによるＡＩ企業への投資も、そうした動きに敏感に反応しながら、一定の緊張を孕《はら》んだ状態が当面は続いていくように思われます。

では、この大波が次に生み出すであろう新たなビジネスの鉱脈はどこにあるのでしょうか。逆に、淘汰《とうた》されてしまうリスクが高い業界は？　影響を避けられない業種とは？

インターネットの登場以来とも言われる革新的な技術が多方面に及ぼす影響について、より具体的に掘り下げていきましょう。

対談① 生成AIのメガトレンドに乗るためには？

――山本康正×ジェリー・チー

（対談実施日：2023年3月8日）

ジェリー・チー
Stability AI日本代表

1984年、アメリカ生まれ。日中韓英の各言語が流暢《りゅうちょう》な台湾系アメリカ人。2006年にスタンフォード大学工学部を、2012年にペンシルベニア大学ウォートン校を卒業。グーグル、Supercell、スマートニュース、Indeedでのアナリティクスや機械学習関連の役職を経て、2023年1月にStability AI日本法人を設立し、代表に就任。

Stability AI 日本公式Twitter：@StabilityAI_JP

◉画像生成ＡＩは２０２２年夏に飛躍を遂げた

――お二人は長いお知り合いで？

山本　もう10年ぐらい前からですね。もとはグーグルの同僚で、辞めてからもやり取りを続けています。

――Stability AIは、どんなＡＩを開発しているのでしょうか？

ジェリー　他の企業や組織と一緒に作ったStable Diffusionというディープラーニングのモデルを２０２２年8月に公開したところ、非常に大きな反響がありました。テキストを入力すると画像を自動で生成するものです。

そんなＡＩを自分のパソコンで使えることはそれまでなかったので、一種のパラダイムシフトだったと思います。生成ＡＩのブームの引き金の一つになったのではないでしょうか。

その後もStable Diffusionの改善を続けていて、テキストを入力すると３Ｄモデルや動画をアウトプットするようにしたり、チャットボットも開発したりしています。言語は、英語と日本語の両方で開発しています。

――Stable Diffusionを使ったＬＩＮＥのサービスは、日本でも広く話題になりました。

ジェリー　テキストを入力すると画像を生成するＡＩは、Stable Diffusionの少し前に、オープンＡＩがDALL・Eを一般公開しています。それとの違いは、Stable Diffusionはオープンソースであること。誰でも自由に無料でダウンロードできて、自由に改造できます。

——山本さんは、Stable Diffusion が発表されたとき、どう思いましたか？

山本　新しい波が来たなと思いました。Midjourney という画像生成ＡＩも、ほぼ同じ時期に発表されましたよね？

ジェリー　Midjourney がちょっと早いです。

山本　この２つが出てきて、化学変化が起こったなという感じがしましたね。テック企業の毎年の発表会では「ＡＩでこんなことができるようになりました」という発表はよくあるんです。でも、それが一消費者に直接伝わる形で出てきたのが２０２２年の夏。ここから本当に変わったと思います。

日本では２０２３年１月に、韓国系の写真加工アプリ「ＳＮＯＷ」のＡＩアバター機能が大きな話題になりましたが、その流れは２０２２年の夏から始まっていました。

◉画像生成ＡＩはどんなビジネスを生み出すか

――山本さんは、画像生成ＡＩは新たなビジネスを生み出していくと思いますか？

山本　ビジネスになるかどうかは一過性のブームで終わるかどうかによりますが、今のところ、どうやら一過性ではなく、時間はかかりますが進んでいきそうです。するると、事業を売却する、既存のプラットフォームと提携する、広告モデルで収益を挙げる、消費者からの課金モデルで収益を挙げるなど、さまざまな方法が考えられます。

ちょっと思ったのは、YouTubeが登場したとき、グーグルが対抗して自社製品で追い付こうとしたのですが追い付かず、結局、YouTubeを買収したようなことが起こるのではないかということです。

一方で、フェイスブック（現メタ・プラットフォームズ）は、ヤフーやマイクロソフトから買収の提案がありましたが、独自にやっていくことを選びました。Stability AI も独自にやっていくことを今は選んだようですね。

――ジェリーさんは、どんなビジネスを考えているのですか？

ジェリー　日本にはクリエイターが大勢いて、クリエイティブな企業や組織もたくさんあります。彼らの能力を拡張できるＡＩを提供していきたいと考えています。

例えば、ストーリーやキャラクターなどを考えるときのブレストにＡＩを使うと、一気に色々なアイデアが出てきます。人間だとブレストの内容を描く時間と労力がかかりますが、ＡＩなら一瞬です。

最初は画像や動画を多く制作している企業にアプローチをしていきたいと思いますが、中長期的には、ほとんどの産業で生成ＡＩの活用事例が出てくると思います。

――例えば、製造業でも？

ジェリー　不良品の検知に機械学習をしたＡＩを使っている企業は、すでに多いと思います。その機械学習のための訓練データを、画像生成ＡＩで作ることも考えられると思います。

また、カスタマーサポートにチャットボットを取り入れることで、サポートの品質とコストを改善できると思います。

相談される先輩みたいな、社内のナレッジを答えてくれるチャットボットの開発も可能です。

――画像生成AIの技術はチャットボットにも使えるのですか?

ジェリー　共通している部分が多くあります。どの画像生成モデルとどの大規模言語モデルを比較するかにもよりますが、結構似ていますね。

長年テキストのディープラーニングの研究をしてきた人が、転職して画像処理のディープラーニングの研究をするようになっても、すぐに知識や経験を応用できます。ディープラーニングの面白いところです。

——画像生成AIでクリエイターの発想を助けるということは、実際、アメリカではもう始まっているのでしょうか？

ジェリー　はい。例えばミュージックビデオや広告の制作などで実際に使用されています。

日本でも、社内でのプレゼン用の資料に使うなどの事例はありますが、AIを使っていることが社外に知られると、場合によっては炎上したり、変な目で見られたりするかもしれないということで、社外に対してはあまり大きな声では言わない雰囲気の会社も多いです。

◉日本企業の動きはアメリカに比べて遅い

――お二人とも米国の事情にも詳しいと思います。生成AIをビジネスに取り入れる動きには、日米で差がありますか？

ジェリー　大きな差があると思います。

山本　ありますね。アメリカではハッカソン（開発者が集まって短期間で集中的に開発を行なうイベント）も頻繁《ひんぱん》に開催されていますし、生成AIを取り込んだ新しいサービスもどんどん出てきています。投資家も起業家もプログラマーもフィーバーしている状況です。

例えば、2023年3月にはセールスフォースが生成AI専用の2億5000万ドルもの投資ファンドを設立しました。マイクロソフトも2023年1月、オープンA

Ｉに２０１９年以来3度目の投資をしました。その額は最大１００億ドルとも言われています。２０２１年のＳａａＳバブルの崩壊によって冷え込んでいたベンチャー市場のなかでは際《きわ》立《だ》っています。

スタートアップも次々と生まれていて、サンフランシスコにはそれらが集積する「セレブラル・バレー」と呼ばれる場所までできています。

それに比べると、日本は人数も金額も小規模です。

――山本さんは日本企業へのアドバイスもしています。生成ＡＩの話もしている？

山本　どういうものかや、どういうことに使えそうかという話はしています。ＤＸの話は従来からしていて、そのためのツールの一つとして、生成ＡＩへの注目は高まっています。

ただ、興味を持っていただけるのはいいのですが、魔法のように捉えられがちなところがあります。そんなことはなくて、限界はあるのですが。

新しいテクノロジーを魔法のように捉えて、その後、幻滅したことによって乗り遅れてしまうというのは、日本企業がこれまで繰り返してきた失敗のパターンです。今回はそうならなければいいのですが。

――実際に投資しようとか、事業に取り入れようという意欲は？

山本　本業に取り込もうとする機動力は、やはりアメリカのほうが速いですね。

――日本企業の動きが遅いのは、体質でしょうか？

山本　どうでしょうか。ただ、5ヵ年計画などの中期経営計画に書いていないことは、いきなりできないということはあるかもしれません。どの部署が担当するのか、予算はどうするのかという話になりますから。オーナー企業なら別ですが。

アメリカの企業の場合は、収益が下がると株主に突如《とつじょ》アクティビストファンドが登場して、プレッシャーをかけられるという事情もあります。その意味では、危機感の差が行動のスピードの差につながっていると思います。

日本には、理系出身で英語もわかり、ビジネスもわかるベンチャー投資家は少なく、意義のある生成ＡＩへの投資も限定的です。

◉日米のタイムラグはどんどん短くなっている

――日本では、ChatGPTにしても、いったん盛り上がった後、「間違った答えをするので使い物にならない」という批判も目立つようになっています。アメリカではどうなのでしょう？

ジェリー　批判が出るのはアメリカも日本と似ていると思います。

ただ、それでも活用できる場面はたくさんあるよね、と前向きに捉えて、ChatGPTを導入しているケースがアメリカでは多くあります。

日本でもChatGPTを使ったサービスを作っている人は増えていますが、アメリカほど多くはありません。もちろん、英語と日本語とでアウトプットの品質が違うことも影響していると思います。

余談ですが、弊社で開発している日本語のチャットボットができたとき、アウトプットの品質の問題は一部解消できると思います。

山本　ジェリーさんがおっしゃった通り、日本語のアウトプットの精度は英語と比べてあまり高くないのですが、使い手の期待値の問題もあると思います。

こういった新しいものが出てきたとき、アメリカは加点式で、「ここはまだダメだけど、後で改善できるだろうから、どんどん導入しよう」と考えるんです。

インターネットが登場したときもそうでした。最初は、回線が遅すぎるなど、色々な問題があって使い物になりませんでしたが、ホームページがどんどん作られました。

一方、日本では、「ここが足りないから使えない」というように、厳しめに見ます。

ただ、ChatGPTについては、日本でも基本的にポジティブな受け止め方が多かったのが面白かったですね。もちろんデタラメな答えも返してくるのですが、従来のチャットボットよりも優れている部分も多く、ユーザー数の伸びもものすごくて、驚きが大きかったと思います。

ジェリーさんがおっしゃったように、日本語でもアウトプットの精度が高いチャットボットができれば、それを応用してビジネスにしようという動きが大きくなるのではないでしょうか。

昔は「タイムマシン経営」ということが言われて、アメリカで流行《はや》ったものを何年か後に日本に持ち込んで成功する例が多くありました。しかし、今はほぼ「リアルタイム経営」になってきています。ほぼ時間差なく、海外の企業が日本にもサービスを提供できるようになりつつあり、日米のタイムラグがどんどんなくなってきている感じがします。

ただ、アメリカで流行っていることをそのまま輸入するのではなく、自動車産業がそうだったように、日本で改善をして、よりよいものにしていく必要があります。先ほどジェリーさんがおっしゃったように、日本にはクリエイティブな人が多くいますから、生成ＡＩの面白い使い方が生み出されることを期待しています。

ジェリー　弊社のアドバイザーも務めている深津貴之さんのように、ChatGPTの面白い使い方を紹介されている方もいます。３人の登場人物がいる脚本をChatGPTで書いてみたという方もいます。そういう事例のスクリーンショットがツイッターに投稿されて、すごい数のリツイートをされるということも起きています。それによって、ChatGPTの認知度が上がっています。

Stable Diffusionで作った画像も同様で、「こんな画像が作れますよ」というのが拡散することによって多くの人に認められる効果は大きいと感じています。

◉生成ＡＩは人間の仕事を奪うか？

――「生成ＡＩによって人間の仕事が奪われる」と言う人もいます。この見方については、どう思いますか？

ジェリー　ＡＩをうまく活用できる人が、できない人よりも、労働市場において有利になるのだと思います。インターネットを使える人のほうが、使えない人よりも、労働市場において有利なのと同じです。

他の人がＡＩを使っているのに、自分はＡＩを使わないと、自分の仕事力が他の人よりも劣ることになるでしょう。

ＡＩを使えば効率もクリエイティビティも上がります。ＡＩを使うことで、例えばゲーム業界もアニメ業界も、もっともっと成長できるはずです。

山本　昔で言うと、Excelでマクロを組んで仕事を自動化したら、「ズルい」と言われて叱られた、というような話ですね。ＡＩを使うことで空《あ》いた時間を、より生産的なことに使えばいいだけなのですが。

新しいものはこれからもどんどん出てきます。それらを、論理的な根拠がないのに、精神的に拒否しても、何も始まりません。受け入れて、使いこなしたほうが有利になります。
この点でもアメリカのほうが合理的です。伝統に縛《しば》られないというか、伝統がないために、ゼロから考えられる。一方、日本企業は、「うちは長年こうやってきたんだ」と言いがちです。そう言われると、ロジックでは勝てません。この違いが、今の日米のDXの差になっているのだと思います。
2022年8月、Midjourneyが生成した絵がコロラド州で開かれた美術品評会で1位を取りました。この結果に議論が巻き起こりましたが、支持する声も強くありました。こういうところはアメリカに見習う点があるかなと思います。

――著作権などの法律の整備も必要ですね。

山本　画像生成AIの場合は、機械学習に使った絵の著作権などの問題が生じる可能性があります。
法律の整備のためには国会議員のリテラシーを高めることが重要です。著作権法改正のための議連や勉強会が立ち上がっても、そこの議員が正確な理解をしていないと、明後日の方向に行ってしまいますから。他のG７の国などとも歩調を合わせる必要があります。

――ジェリーさんは、実際にビジネスをされていて、法律の整備の必要性を感じますか？

ジェリー　私は法律の専門家ではないので個人的な意見を申し上げますと、日本の政策を作っている方たちはＡＩの重要性を理解していて、開発や活用をしやすい環境を整えてくださっていると思います。その点、感謝しています。

ただ、生成ＡＩについては独特な新しい問題がたくさん出てきていて、法的に問題ないのかどうか、不確実なものが出てきています。多分大丈夫だけど、１００％大丈夫だという保証はない、というものです。そのため、企業として動き出せないところもあります。

例えば、STORIA法律事務所の柿沼太一弁護士がブログなどで見解を書かれているのですが、判例が出ていないので確実とは言えなかったりします。

山本　ガイドラインを示してもらう必要がありますね。

アメリカだと、とりあえずやってみて、うまくいかなかったら修正するというところがあるのですが、日本の場合は最初からガチガチに決めてしまう傾向があります。なので、技術の変化の速さに法律がついていけない。インターネットが登場したときのプライバシーの問題でもそうでした。

特に生成ＡＩではさまざまな法律と調整する必要があるでしょうから、ガチガチに決めずに、柔軟に対応していくことが重要ではないかなと思います。

◉生成ＡＩの競争で勝ち残るためには？

――今、生成ＡＩの業界はフィーバー状態だということですが、今後、競争に勝ち残

っていくのは、どんな企業だと思いますか？

ジェリー　ＡＩは他の業界よりも技術の進化のスピードが速いので、そのスピードへの適応能力が重要です。既存事業で収益を挙げられるからと、最新の技術についていくのを怠《おこた》ったりしていたら、そのうち負けてしまいます。

大企業には動きが遅いというデメリットがあります。優秀な人材も資金もたくさん持っていても、大企業が有利というわけではありません。実際、生成ＡＩを使ったチャットボットのリリースで、グーグルはオープンＡＩに後れを取りました。

スピードが速いのはスタートアップで、例えば、Stable Diffusion を発表してからわずか2日間で、Stable Diffusion を搭載したサービスを開発した日本のスタートアップ（AIdeaLab のＡＩピカソ）もあります。

早く動いて、早くユーザーを獲得すれば、先行者利益を得られて、一気に広がります。

山本　ジェリーさんがおっしゃる通り、機動力がものすごく大事だと思います。

大企業でなければできない案件はどんどん減っていて、能力があって、学習ができる人であれば、どこにいても仕事ができるようになっています。

実際、生成ＡＩが一気に飛躍したのは２０１７年にグーグルとトロント大学の研究者が発表した「Attention Is All You Need」という論文が発端《ほったん》なのですが、それに関わった後、グーグルを辞めて他社に移った人も多くいます。

特にグーグルは、大きくなりすぎてアメリカ議会からも目をつけられていますから、下手なことはできません。スタートアップであれば、失敗したところで失う物が比較的限定的ですから、新しい技術を実装するスピードを上げられます。

資金についても、技術を持っているスタートアップはどんどん投資を受けられます。

逆に、お金を持っていれば何とかなるわけではありません。大企業が出資したくても、スタートアップには断わる権利がありますから。

ジェリー　2～3年前までは、大企業がたくさんの資金を投じてデータを学習させないとAIの開発はできないと思われていたのですが、今は基盤モデルというものがオープンソースでリリースされて、常識が大きく変わりました。Stable Diffusionも基盤モデルの一つですし、BLOOMという大規模言語モデルなどもそうです。

基盤モデルを調整したりすることで、予算の少ないスタートアップも低コストでAIを作れるようになりました。スタートアップにとって追い風の状況です。

――日本企業は、生成AIの開発で世界と戦えるでしょうか？

山本　戦うためには、最新の論文を読んで、さらに意味のある論文を書けて、学び続けている第一人者が集まってディスカッションできる環境になっていることが必要です。そして、すごいと思った技術はすぐに自社に取り込むスピード感が不可欠です。

しかし、最新の論文を追い続けている研究者は日本関係にもいるものの、残念ながら、数が圧倒的に少ない。ディープラーニングの研究者もそうですが、生成AIとなるとなお少ないです。

ジェリーさんの場合は、もともとキャリアをファイナンスから始めて、データサイエンスやブロックチェーンなどを自分で学び、さらに生成ＡＩについても自分で勉強されました。まさにリスキリングを地でやっているわけですが、これができる人もなかなかいません。

ちょっとお聞きしたいのですが、ジェリーさんは、どうして新しいことに興味を持ち、学び続けられているのですか？

ジェリー　情報源をたくさん維持しておくことでしょうか。友達の話だけではなく、他社の人の話も聞くし、ポッドキャストも聞く。それも、日本のポッドキャストも、アメリカのポッドキャストも、ヨーロッパのポッドキャストも聞く。あるいは、メーリングリストにも登録するなどして、色々な人たちの違う見解を得ることです。
情報を多く集めるだけでなく、キュレーションすることも重要です。例えば、自分が興味のあるテーマで質の高い情報を発信しているツイッターのアカウントやブログをフォローする。さらに、そのアカウントがフォローしているアカウントをフォローする。そうすると、面白い情報が自然と目に付くようになり、興味がさらに湧いてきて、学ぼうという気持ちになります。

山本　日本の企業には、自分の専門以外のことについては興味がない、面倒だと思ってしまう人が多いと思います。それに対して、ジェリーさんは自分の幅を広く保っていますよね。

ジェリー　情報源が少ないと、視野が狭まります。例えば、ＡＩに対するコンピュータサイエンティストの見解だけじゃなくて、生物学者の見解にも触れると、視野が広がりますよね。「こういう見方もあるんだ。自分の考え方は視野が狭かったな」と気付くのが面白いんです。その面白さを知れば、次の気付きを得るために、新しい情報を探すモチベーションになります。

山本　東京にいながら、視野を広げてくれる人たちに出会うのは難しくないですか？何かの集まりに参加したり？

ジェリー　そういうこともしますね。オンラインやオフラインのセミナーやイベントの情報をまとめてくれるプラットフォームがたくさんあるので、それらを使ったりもしますし、グーグルアラートで情報が届くようにもしています。

知らない方に、「差し支えなければ、コーヒーなんかどうですか。ちょっと相談したいことがあります」みたいな連絡をすることもあります。意外と会ってくれる方が多いですよ。東京は安全なので、知らない人でも会ってくれやすいんだと思います。

――生成AIについてこれから学ぼうと思ったら、日本でも学べる？

ジェリー　英語が話せて、資金があるなら、海外に行くのがいいと思います。

ただ、オンラインで、自宅で学習することもできます。その場合も英語のコンテンツが多いのですが、最近は日本語で学べるコースもあります。お勧めのものを一つだけ紹介すると、「AI For Everyone」というコースがあって、日本語でも受講できます。

それらで学びながら、実際にStable Diffusionの微調整などをしてみたりすれば、費用をあまりかけずに学習できます。

山本　言語の壁も、自動翻訳の精度が上がってきていますから、それほど問題ないかもしれません。

むしろ、数学がちゃんと理解できるかどうかが問題ですが、ベクトルや微分、行列などがわかっていれば基礎は大丈夫です。世代によりますが、高校で学んだ人が多いでしょう。

ジェリー　そうした理系の部分がわからなくても、ディープラーニングのモデルの活かし方や、どういう状況で何ができて何ができないのか、どういうデータが必要なのか、といったことが理解できれば、ＡＩを使ったビジネスで活躍できると思います。

山本　おっしゃる通りですね。ＡＩを作る人と、ＡＩを使ったビジネスを作る人は、一致しなくていいわけですから。

例えば、ＡＩのことがまったくわからない会社に、わかりやすくＡＩの使い方を伝えるだけでも、十分な価値があります。そこからビジネスが生まれれば、その人に付加価値が生まれます。

わからないことがあれば、「わからないから関係ないや」ではなくて、「他の人もわかっていないだろうからチャンスだ」と思って、少しだけでも学べばいいんです。すると、それが大きなアドバンテージになります。

※本対談の一部を抜粋した記事が月刊『ＴＨＥ21』２０２３年6月号に掲載されました。

が登場したのか

第2章

なぜ今、生成AI

ディープラーニングのコンセプトは1940年代からある

生成ＡＩはビジネスや私たちのビジネスにどのような影響を与えていくのか？　その話に入る前に、なぜ今、生成ＡＩが登場したのかについて触れておきたいと思います。

ChatGPTばかりが注目を集めていますが、近視眼的にそこだけを見ていては、生成ＡＩのムーブメントの本質を見誤ってしまいます。第2章では、今のＡＩブームがどのような経緯を経てきたものなのかを知ることで、より多角的な理解を深めていきましょう。

現在のＡＩブームを語る上で欠かせない技術の核と言えるのが、ディープラーニング（deep learning：深層学習）です。

ディープラーニングとは、簡単に言えば、人間の脳のニューロン（脳神経細胞）の仕組みを真似たニューラルネットワークによって、ＡＩが自ら学習をする手法のことです。

ディープラーニングという言葉が広がり始めたのは２０００年代に入ってからですが、原型となるコンセプトは１９４０年代にすでに誕生していました。１９４３年、アメリカの神経生理学者ウォーレン・マカロックと同国の論理学者ウォルター・ピッツが、人間のニューロンの仕組みをモデル化したコンピュータを作れることを理論的に示したのです。

さらに、１９４９年、カナダの心理学者ドナルド・ヘッブが、人間の脳で起きている学習の基礎的な法則を発表しました。「ヘッブの法則」と呼ばれるものです。

実際の脳の構造は非常に複雑ですが、ここではわかりやすさを優先して、単純化したモデルで大づかみに解説しましょう。

人間の脳は多くのニューロンが集まってできており、それらの細胞がさまざまに反応し合うことで機能しています。例えば、ある脳の神経細胞Aが発火すると、それによって別の神経細胞Bに電気信号が伝わります。神経細胞Bからさらに神経細胞Cへ、神経細胞Cから神経細胞Dへ……と、どんどん信号がつながっていきます。

このように信号のやり取りが起きることでニューロン同士の結び付きが強化され、より信号が通りやすくなります。これこそが脳で起きている「学習」である、というのが、ヘッブの法則です。

ディープラーニングの実現で第3次AIブームが到来

しかし、実際にＡＩ開発にディープラーニングが用いられるようになるまでには、時間がかかりました。

ＡＩという言葉が主に公《おおやけ》のアカデミックな場で使われ始めたのは、１９５６年のアメリカでした。コンピュータの研究者や数学者が集まったダートマス大学での会議だったと記録されています。

それから、「人間のように自ら考えて行動する機械」という昔から人類が思い描いてきた理想を具現化する手法として、１９６０年代前半にＡＩ開発が活発化します。これが人類史上、最初のＡＩブームでした。

しかし、コンピュータの性能があまりにも低く、決められたルールのなかで答えを出すことはできても現実的な問題を解くことはできなかったため、１９６０年代後半に入ると行き詰まって、ＡＩ開発は冬の時代を迎えます。

２回目のＡＩ開発ブームが起きたのは１９８０年代です。

このときは、ある分野についての専門知識を大量に、コンピュータが理解できる形で人間が入力することにより、その分野について判断をするＡＩが研究されました。

すなわち、「機械学習（マシンラーニング）」をするＡＩです。

この頃にはネオコグニトロンという今のＡＩに通じるコンセプトを研究した日本人研究者の福島邦彦氏も活躍していました。

しかし、人間による入力やコンピュータの処理能力に限界があるなどの課題があり、再びＡＩ開発は冬の時代に入ります。


その後、２００６年に、イギリス出身のコンピュータ科学者でカナダのトロント大学教授のジェフリー・ヒントンがニューラルネットワークを使った新手法を発表。これが今日のディープラーニングの飛躍の一つの起源であり、これをきっかけとして第３次ＡＩブームが起こります。

第１章でも述べたように、２０１２年に、ヒントン教授率いるトロント大学の研究チームが、画像認識の精度を競い合う競技会「ＩＬＳＶＲＣ」において圧倒的な正答率で優勝したことによって、ディープラーニングは実用的な手法として一躍《いちやく》世界に知られることとなりました。

「ディープラーニングの父」と呼ばれるジェフリー・ヒントン（写真：ロイター／アフロ）

ちなみに、ヒントンは2013年からグーグルでAI開発に携わっていましたが、2023年5月にグーグルを離れました。AIのリスクについて自由に発言するため、としています。

2010年代に台頭《たいとう》したクラウドサービスの普及により、AIに学習させるための大量のデータを扱うハードルが格段に下がったことも、第3次AIブームに大きく貢献しています。

「深層」学習と呼ぶのは「中間層」を挟んでいるから

では、なぜニューラルネットワークを使った学習の手法を「深層」学習と呼ぶのでしょうか。

【図2-1】ディープラーニングでは、いくつもの中間層がある
ニューラルネットワークを使う

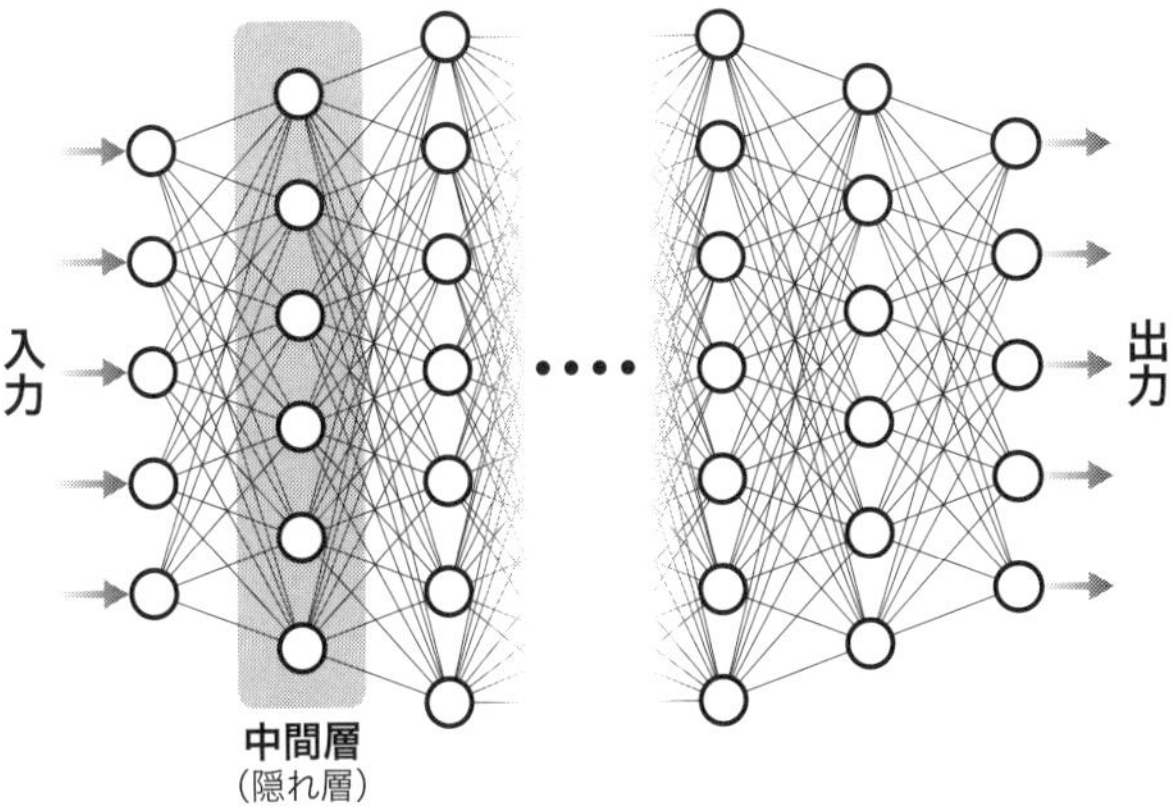

それは、情報を入力（インプット）する層と出力（アウトプット）する層の間に、複数の中間層（隠れ層）を並べてつなぎ合わせることで、より複雑な問題をＡＩが学習できるようにする手法だからです。

中間層を入れたニューラルネットワークが学習をする仕組みは、１９８６年に、アメリカの認知心理学者デビッド・ラメルハートやヒントンらが発表しました。

ただ、層を増やせば増やすほど、そのＡＩは正確な答えをアウトプットするのかと言えば、そうとも言い切れません。確かに、層が多いほど複雑な分析ができますが、学習したデータに囚われてしまい、新しいデータを提示されたときに正しい判断ができなくなることがあるのです。

深層であればあるほど望ましいわけではなく、目的に合わせて適切な層にする必要がある。このあたりの見極めは、研究者の力量が重要になってきます。

GPUの登場も
ディープラーニングの実現に貢献した

また、当然のことながら、層を増やせば増やすほど、コンピュータの処理能力がより求められることになります。AIの開発にディープラーニングが用いられるようになるまでに時間がかかったのには、以前はコンピュータの処理能力が低かったという理由もあります。

コンピュータの処理能力は、GPUという半導体チップの登場とその進化によって、飛躍的に高まっていきました。

GPUは、アメリカの半導体メーカーNVIDIAによって主に提唱された言葉です。Graphics Processing Unit の頭文字をとったもので、もともとはその名の通り、コンピュータゲームでのリアルタイム画像処理のためのものでしたが、AIの計算と相性がよく、現在ではＡＩ開発のために欠かせないものとなっています。そのため、２０２３年5月には、生成ＡＩの波に乗って、ＮＶＩＤＩＡの時価総額が一時１兆ドルを突破しました。

ディープラーニングで「識別系ＡＩ」の精度が飛躍的に向上した

ここまでディープラーニングの歴史を簡単にご紹介してきましたが、ディープラーニングが登場してから生成ＡＩが登場するまでには、まだ時間があります。

ディープラーニングが大きな話題になっていた当時のことを覚えている人は多いのではないでしょうか。そこで多くの人が驚いたのは、「識別系ＡＩ」の精度が飛躍的に向上したことでした。

識別系ＡＩとは、その名の通り、提示された画像や映像を見分けるＡＩです。例えば、大量の猫の画像を取り込むことで、ＡＩが自ら猫の特徴を学習し、新たに提示された画像が猫か否かを判断する、といったものです。こうした識別系ＡＩの精度はすでに人間と同等やそれ以上になっています。

さらに、ディープラーニングをベースにして、問題を解いて正解に近付いたら得点（報酬）を与える「強化学習」を組み合わせることで、爆発的な強さを発揮するようになったのが、第1章でも触れた「アルファ碁」です。

アルファ碁は、２０１６年に韓国の李世乭に勝った翌年には、やはり世界トップレベルと言われた中国の棋士・柯潔《かけつ》と対戦し、３番勝負で全勝しています。

チェスについては、１９９７年に、ＩＢＭのコンピュータ「ディープ・ブルー」が当時の世界チャンピオンであるガルリ・カスパロフに勝利しています。しかし、囲碁はチェスよりもはるかに複雑で、コンピュータが人間に勝つのは難しいと言われていました。ところが、アルファ碁が勝利したことによって、ルールや目的が定まっている世界においては、ＡＩが人間を超えた強さを誇ることが、また一つ示されたのです。

認識の精度向上が社会に与えたインパクト

ディープラーニングを活用したＡＩは、ボードゲーム以外でも、多方面で大きなインパクトを与えています。

わかりやすい例は、胸部レントゲンの診断でしょう。

肺に疾患があるのかどうかは、医師が胸部レントゲン写真を目で見る読影によって判断されてきました。当然、ベテランの医師ほど多くのレントゲン写真を見てきた経験の蓄積がありますから、読影スキルが高くなります。逆に、新人の医師が担当したために見落としていた症例もあったかもしれません。

しかし今では、大量の胸部レントゲン写真を読み込んで学習し、疾患の有無を熟練の医師とほぼ同じ精度で診断できるＡＩが出てきています。

胸部に限らず、臓器の画像をもとに治療方針を決定していく医療現場において、ＡＩの目覚ましい進化は朗報です。医師が不要になるといった極端な話ではなく、医師の判断をサポートしてくれる有能なＡＩパートナーが増えていくと解釈すべきでしょう。

スマホやパソコンの顔認証も、認識を得意とするＡＩのおかげで一気に精度が高くなり、一般にも使えるようになってきました。

ユーザーインターフェースの広がりという意味では、Siriやアレクサ、グーグルアシスタントのような、私たちの日常にすっかり身近なツールとなった音声認識アシスタントもＡＩの得意とする分野です。

「アレクサ、今日の天気は？」「野菜を使ったレシピを教えて」といった音声で指示を出すボイスコマンドを可能にしたのも、やはりＡＩです。

ただ、一見すると人間とＡＩで普通に会話ができているようにも聞こえますが、実際はＡＩが音声を文章に変換し、その文章に対して、学習した知識のなかから、できる限り文脈に合う答えを探し出し、それを返答しているものが多かったのです。

グーグルとトロント大学が「トランスフォーマー」を発表

こうした識別系ＡＩとは利用目的が異なる生成ＡＩが進化した要因をたどると、生成ＡＩに搭載されている大規模言語モデル、さらにはグーグルとトロント大学の研究者が発表した深層学習モデルであるトランスフォーマーに行き着きます。

ChatGPT の基盤となっているのがトランスフォーマーというモデルであることは、すでに述べました。

トランスフォーマーは、２０１７年、グーグルとトロント大学の研究者たちが共同で発表した「Attention Is All You Need」という論文で発表されました。

【図2-2】AIの進化

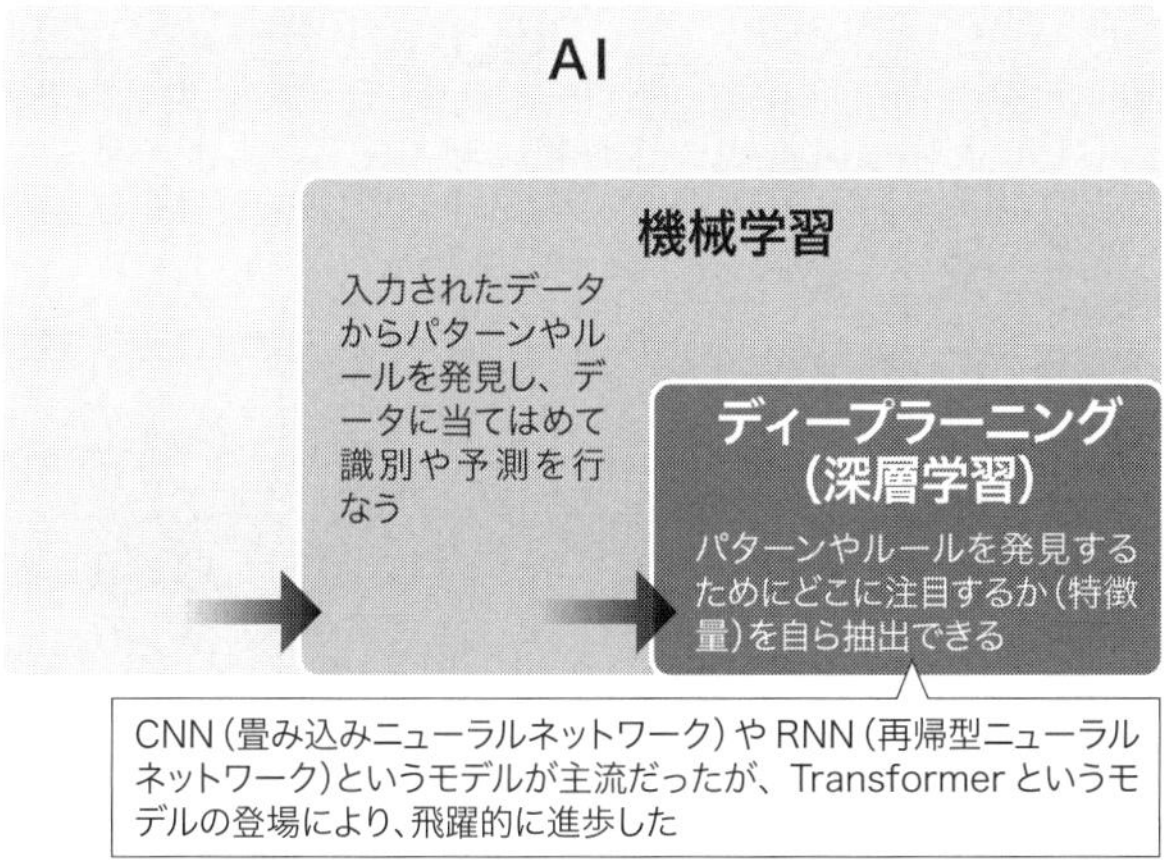
AI
機械学習
入力されたデータからパターンやルールを発見し、データに当てはめて識別や予測を行なう
ディープラーニング（深層学習）
パターンやルールを発見するためにどこに注目するか（特徴量）を自ら抽出できる
CNN（畳み込みニューラルネットワーク）やRNN（再帰型ニューラルネットワーク）というモデルが主流だったが、Transformerというモデルの登場により、飛躍的に進歩した

ディープラーニングにもさまざまなモデルがあり、それまでよく活用されていたのは「畳み込みニューラルネットワーク」や「再帰《さいき》型ニューラルネットワーク」というものだったのですが、トランスフォーマーは、より連続したデータの関係を追跡することで意味を学習するものです。

このトランスフォーマーをベースにした大規模言語モデルで自然言語を処理することで、それまでのように画一《かくいつ》的《てき》な回答しか返せないチャットボットではなく、より会話の流れや文脈を踏まえた上での受け答えが可能な対話型AIが誕生したのです。

トランスフォーマーの登場は、対話型AIだけでなく、画像生成AIなど、テキストで指示を入力する他の生成AIの飛躍的な進化ももたらしました。自然言語と画像という異なる領域をどちらも進化させることもあり、「マルチモーダル（多領域）化」が進んでいると言う人もいます。ある見方をすると、一ついいモデルを作ると、どの領域でも一気に先端に躍《おど》り出ることが可能になりやすくなったとも言えるでしょう。

生成AIは「理解」しているわけではない

ChatGPTは人間と自然な会話ができているように見えますが、見えるだけであって、会話の意味は理解していません。ＡＩは人間の言うこと、することの意味を理解できるかというと、理解せずにオウム返しをしているだけと言えます。

この問いは、「理解」の定義とは何か、「知能」とは何なのかという問いにもつながるのですが、「チューリングテスト」や「中国語の部屋」という有名な思考実験があるので、触れておきたいと思います。

１９５０年、イギリスの数学者であるアラン・チューリングが、「機械は人間のように思考できるのか？＝知能はあるのか？」を判断するための思考実験を提唱しました。

人間の審査員の前に2台のディスプレイを用意します。そして、ディスプレイを通して質問を投げかけ、回答を受け取るというやり取りを繰り返します。

実は、1台のディスプレイの向こうには人間がいるのですが、もう1台の向こうにいるのは人間を真似するように作られた機械です。

やり取りを終えた後で、審査員が人間と機械を区別することができなければ、その機械は「人間並みの知能を持っている」と判断する。これがチューリングテストです。


この判断は妥当なものでしょうか？

代表的な反論が、アメリカの哲学者ジョン・サールが提唱した「中国語の部屋」と呼ばれる思考実験です。

英語は理解できるが、中国語はわからない人間が、ある部屋にいます。その部屋には、「こういう文字列に対しては、こういう文字列を返せ」という完璧なマニュアルがあります。その部屋に中国語で書いた質問を入れると、なかにいる人は、意味はま

【図 2-3】中国語の部屋

①中国語で書いた質問を
部屋に入れる
②英語しかわからない人が
完璧なマニュアルを使って
質問への回答を中国語で
書く
Chinese!
③部屋のなかから返ってきた回答
を読んで、部屋のなかにいるのは
中国語がわかる人だと思ってしまう

ったくわからないものの、マニュアルに従って、中国語で書いた回答を返します。これを部屋の外から見れば、「部屋のなかには中国語が理解できる人がいる」と解釈するでしょう。

つまり、やり取りができるからといって理解しているわけではないという、チューリングテストへの反論です。

生成ＡＩは「中国語の部屋」と近い性質を持っています。生成ＡＩは、確率に基づいて、それらしい言葉を順番に並べることで文章を生成しているだけです。

本当に何もない無の状態から新しいアイデアを創造することは、ＡＩにはまだできていません。いくらディープラーニングが人間の脳の仕組みを真似し、計算や認識などいくつかの分野で人間より得意なものが出てきているとはいえ、全領域でＡＩが人間を超えるシンギュラリティ（技術的特異点）を煽《あお》るのは、煽ることによって得をする批評家やメディアたちでしょう。ビジネスなど実務に携わる人たちは地に足がついた理解をしなければなりません。

生成ＡＩはこれからも進化していき、間違った回答をしたりすることも減っていくでしょう。しかしそれでも、非常に優秀なアシスタントにはなっても、人間に代わる存在になると考えるのは時期《じき》尚早《しょうそう》です。

GPT」のビジネス

第 3 章

「アフターChat

生成ＡＩは私たちのビジネスや仕事を破壊するのか？

ChatGPTをはじめとする生成ＡＩによって仕事のやり方が大きく変わりそうだ。業界の仕組みが根本から変わるかもしれない。それどころか、今の自分の仕事が生成ＡＩに奪われるかもしれない――。

そんな風に生成ＡＩに対する抵抗感や恐れを密《ひそ》かに抱いているビジネスパーソンは決して少なくないでしょう。そこを一番知りたいがゆえに、本書を手に取ってくださった読者もいるはずです。ChatGPTをはじめとした生成ＡＩの世界的トレンドは、それほどまでに人々の心を揺さぶる衝撃をもたらしています。

一つはっきりしているのは、「よくわからない」「うちは関係ない」で済ませられる人は限りなくゼロに近いというシビアな現実です。インターネットが登場した際も同様でした。

ChatGPTのような画期的なテクノロジーの登場は、いつの時代でも、それまでの価値観に揺さぶりをかけます。勤続年数や肩書と有能さが比例しないように、創業してからの歴史が長いからといって、その企業の価値観がこれからも通じ続けるとは限りません。積み重ねてきた信頼や伝統は確かに大切なアセット（資産）ですが、そこに固執《こしつ》してしまうと、ビジネスの存亡がかかった変曲点を見極められず、多くのものを失ってしまうリスクが高まります。

歴史や伝統、従来の手法が、アセットではなく、負債《ふさい》、重荷《おもに》になっていないか？

多くの企業が、一度立ち止まってゼロベースから見直すべき局面に来ているのかもしれません。

では、実際のところ、「アフターChatGPT」のビジネスはどう変わるのか。どんなビジネスがどのように残り、どんな仕事が淘汰されていくのか。

本章では、生成ＡＩがビジネスや個々人の働き方にもたらす影響について考えていきましょう。

グーグルの検索事業の広告モデルは生き残れるか？

グーグルは、検索エンジンにおいて四半世紀ほど、ほぼ一強時代を築いてきました。しかし、生成ＡＩの性能が向上し、普及が進むことによって、従来のグーグルのビジネスモデルが成り立たなくなる可能性もないわけではありません。

写真フィルムの大手だったコダックが、新しく出てきたスマートフォンという、当初は性能が限定的だったものに、予想外に、もしくは、わかっていても有効な対抗策を立てられず、敗れました。同じようなことが、将来繰り返されることがあり得るのです。

今は、何かについて調べようと思ったとき、多くの人は、まず検索をかけます。思ったような情報がすぐに出てこないときには、検索のキーワードを増やす、変える、組み合わせるなどして、知りたいことにより近い情報を探し出します。そうしてヒットした大量の情報を人間が見て取捨選択し、判断をしていました。その過程でユーザーが目にし、クリックする広告が、グーグルの主な収益源です。

しかし、生成ＡＩに質問をすれば、そんな面倒な検索をしなくても、欲しい情報が得られる可能性があります。ユーザーが検索をしなくなると、検索ワードに合わせて広告を表示し、ユーザーを広告主のサービスに誘導するというビジネスモデルが成り立たなくなるかもしれません。

これまでも、例えば買い物のために、検索するのではなく、直接アマゾンのアプリを開かれてしまっては、広告を表示する機会を失っていました。こうした脅威は、たびたび話題にはなっていました。

この先、対話型ＡＩをユーザー個人ごとに合わせてカスタマイズできるようになれば、答えの精度や的確さがさらに向上していくでしょう。その人の年齢や居住エリア、属性、嗜好《しこう》などのパーソナルな情報をどんどんインプットしていけば、「昨年の夏季休暇ではこのエリアに旅行をしましたね。では、今年はこのエリアはどうでしょう？」というように、過去のデータや個人の嗜好も踏まえた、よりユーザーにフィットする回答が返ってくる未来も十分にあり得ます。

ＡＩが自分専属のコンシェルジュになってくれる。そう考えるとわかりやすいかもしれません。

では、そうなったときに、検索とそれに連動する広告というビジネスモデルで地位を築いてきたグーグルは、どこで価値を出せばいいのか？　グーグルが今急ピッチで模索しているのは、まさにその方向性でしょう。

グーグルに負け続けてきたマイクロソフトの巻き返し

第1章で述べたように、ChatGPTの爆発的普及を受けて、グーグルはＢａｒｄの発表を急ぎました。しかし、マイクロソフトがＢｉｎｇにＧＰＴ－４を搭載したことで、検索エンジンと生成ＡＩとの融合では、グーグルはマイクロソフトに先を越された形です。

２０２３年3月には、さらに、オープンＡＩの画像生成ＡＩ、DALL・Eの先進モデルもＢｉｎｇに搭載されました。

グーグルも、２０２３年5月10日、Google I/Oという年次総会で、検索エンジンに生成ＡＩを組み込むことを発表しましたが、このマイクロソフトの動きを見て、対話型も含めた検索エンジンの領域において、マイクロソフトがグーグルに急速に追い付く可能性があるとの見方も出てきています。

ＧＰＴ－4を使ったＢｉｎｇのチャット機能では、公開直後のChatGPT自体とは違い、回答に出典へのリンクが貼られています。まさに、従来の検索と対話型ＡＩが組み合わさった形です。2023年3月からは広告も実験的に表示する取り組みを発表しています。

グーグルが自社の検索エンジンとBardを組み合わせて、どのようなサービスを作るのか。そして、マイクロソフトのBingを引き離せるのか。それは、今後の動向を見なければわかりません。


ただ、マイクロソフトが、これまでの遅れを取り戻すかのように、怒濤《どとう》の攻勢をかけているのは確かです。

マイクロソフトは、携帯電話のOSにおいて、後発でウィンドウズフォンというものを出したのにもかかわらず、アップルやグーグルに敗北しました。動画においても、グーグル傘下《さんか》のYouTubeに負けています。そして、検索エンジンにおいても、グーグルに負け続けてきました。この時代は、マイクロソフトの創業者ビル・ゲイツと後任のCEOスティーブ・バルマーが、判断ミスだと後悔した時代だと、後にインタビューなどで明らかにしています。

マイクロソフトは検索エンジン「Bing」にGPT-4を搭載した（写真：AP/アフロ）

3代目の社長サティア・ナデラが、経営方針を時流に合ったものに方向転換し、サブスクリプションの導入、エコシステムの強化、買収、新サービスの発表を行なって、時価総額を大きく回復させてきました。

今の時代に重要視される市場でことごとく敗北を喫《きっ》してきたマイクロソフトには、「生成AIこそは取ってみせる」という気持ちがあるのでしょう。

そのマイクロソフトの本気度を十二分に理解しているからこそ、業界のなかで緊張が高まっているのです。

グーグルですら「変わらなければ生き残れない」と本気で考えている。ならば、自分たちはどうだろう?

そんな視点が持てるようになれば、ビジネスパーソンとして次にすべきことは何かも自《おの》ずと見えてくるのではないでしょうか。

クリエイターの仕事は生成ＡＩに奪われるのか？

生成ＡＩの特徴は「生成」することですから、その登場で淘汰される職種として、真っ先にクリエイティブ系を思い浮かべる人も多いのではないでしょうか。

中国のゲーム業界では、画像生成ＡＩの台頭によって、イラストレーターの仕事がすでに減少傾向にあるとの報道もあります。「こんなタッチで、こんな背景を描いてほしい」「こんなキャラクターを描いてほしい」と画像生成ＡＩに指示をすれば、高品質のイラストが幾通《いくとお》りも生み出される。こんなことがすでに可能になっているからです。

日本が世界に誇るカルチャーであるマンガの業界でも、これからは、長年にわたりマンガ家の片腕となってくれたアシスタントの業務の一部を、生成ＡＩが代替してくれるかもしれません。マンガ家が思い描く背景やキャラクターの動きを、アシスタントよりも正確に、生成ＡＩが描くことができるようになるかもしれないからです。

ライターも同様です。書いてほしい記事や原稿を口頭で生成ＡＩに指示すれば、それでできるようになるかもしれません。本のタイトルを考えるにしても、「この本のタイトル案を10個出して」と指示すれば、現在のChatGPTでも、すぐに出てきます。

すでに、こんな悩ましい事例も起きています。

アメリカのＳＦ小説雑誌『Clarkesworld Magazine（クラークスワールド・マガジン）』は、創刊17年目の２０２３年2月に新人賞の募集を打ち切る事態に追い込まれました。ChatGPTなどの生成ＡＩが生成した投稿作が激増し、審査する側が「人間が１００％書いた応募作」と「生成ＡＩが書いた応募作」を見分けて選考する処理が追い付かなくなったからだとしています。

生成ＡＩが書いた作品は「盗作」とすべきなのか？　そもそも創作物において、どこからどこまでが１００％のオリジナルと言えるのか？　こうした議論に、今のところ、明確な答えはまだ見つかっていません。

楽曲制作やデザインの世界でも、同じ展開となっていくでしょう。

また、外注する余裕があまりない中小企業ほど、生成ＡＩをクリエイティブに活用することが予想されます。

自社のロゴをデザインしたい。公式サイトを作りたい。しかし、本職のデザイナーに依頼するには予算が足りない。それならば、プロではなく、生成ＡＩツールを活用しよう。そう考える中小企業が今後増えていくものと思われます。

クリエイティブ系の業種においては、生成ＡＩの普及によって、破壊的イノベーションが引き起こされるかもしれません。

法務の仕事もAIが代替する

「自分の仕事はクリエイティブ系ではないから安心だ」と思っている人もいるかもしれません。

しかし、言葉や文書を多く使うホワイトカラーの業種である限り、誰もが無関係ではいられません。生成ＡＩの進化は、すべてのホワイトカラーが着目すべきだと言えるでしょう。

わかりやすい例を挙げるのであれば、弁護士、税理士、会計士、社会保険労務士などの士業です。

これらの職種はいずれも、文書やルールがベースにある職業です。それならば、各分野のデータを生成ＡＩにインプットして、さらに業界特有の言い回しなどを覚えさせてしまえば、生成ＡＩが人間に代わってアウトプットをしてくれます。

ＡＩは、時間が経つと「あれ、なんだっけ？」と記憶が薄れる可能性がある人間とは違って、一度学習した情報は消さない限り残ります。業務補助の事務員を雇うよりも、ＡＩのほうが人件費を抑えられることも多くなるでしょう。

すでに法務分野ではＡＩ活用が進んでいます。

２０１７年に日本の大手法律事務所出身の弁護士2人によって設立された「LegalOn Technologies（リーガルオンテクノロジーズ）」というスタートアップがあります。同社は法務の知見と自然言語処理技術、機械学習をテクノロジーで融合させることによって、企業法務の効率化を目指すソフトウェアの開発・提供をする企業として、急成長を遂げています。２０２３年に入ってからは、ChatGPTを活用して契約書の修正をサポートする条文修正アシスト機能を新たに搭載し、ＡＩによる契約審査業務などの効率化サポートをさらに強化しています。

２０２２年12月時点の推定時価総額は約９００億円。海外の黒船が市場を制覇する前に、海外進出にも積極的に挑戦しています。

日本は良くも悪くも文書大国ですから、文書の正しさには常にチェックが入ります。法務業界のような正確性が求められる領域ではなおさらでしょう。

そうした分野の職種が、ＡＩに代替されるとまではいかなくとも、今よりも必要とされる人員が少なくなる展開は十分に考えられます。

専門知識や技能を必要とされない事務という業務は、もしかすると10年後には別の業態になっているかもしれません。少なくとも、人件費がボトルネックになっている産業では、どんどん変わっていくでしょう。

知的生産性の高い職でも生成ＡＩへの代替が進む

すでに淘汰が始まっている業種もあります。

生成ＡＩと直接には関係ありませんが、コンビニやスーパーマーケットで増えた無人レジ、ファミリーレストランで見かけるようになった配膳ロボットを思い浮かべてみてください。今は物珍しさという一面もありますが、もしこの無人化やロボット化が社会に受け入れられると、今後はあらゆる店舗の店員は必要最低限の人数に抑えられていき、人間のスタッフはより高度なことを任される方向にシフトしていきます。その波のなかで、効率化を考える店舗では、レジ打ちの募集は、これから減少していくでしょう。

店員の業務内容も、これまでメインだった接客対応から機械の管理、メンテナンスにより重心が移っていく可能性もあります。

塗装や組み立てなど、工場で行なわれるような作業が、人間から自動で決まった作業をするロボットに置き換えられていった歴史を振り返れば、これは自然な流れです。

安価な飲食チェーン店では厨房《ちゅうぼう》の作業から接客まですべてをＡＩが組み込まれた

システムやロボットが対応するようになる一方で、人間の店員がホスピタリティをもって対応してくれるのは高級店だけ、という形の差別化されたサービスが到来する未来もあり得ます。

かつては企業の顔とも言われた受付嬢のような存在も、この先は消えていく可能性が高いでしょう。最近では受付業務をタブレットに置き換える企業が増加し、訪問者が担当者を直接呼び出せるシステムを採用している企業のほうがもう多いかもしれません。

また、実現はまだ不確実性が高いままですが、すべての車がＡＩによる自動運転に置き換われば、タクシーやバスの運転手も不要になるでしょう。人間のドライバーが運転する車と、ＡＩが搭載された自動運転車が入り乱れて道路を走る過渡期を経て、いずれは自動運転車が主な世界になる可能性があります。船舶についても同様でしょう。

ここまで紹介した職種はいずれも労働集約型と言われるものでしたが、知的生産性が高い職種であっても淘汰される可能性はあります。

音声翻訳の精度がどんどん上がってきていることを考えると、国際会議の同時通訳といった仕事は、今後不要になっていくかもしれません。どれだけ専門知識と豊富な経験があっても、人間の翻訳者よりもＡＩ翻訳のほうが、コストが10分の1に抑えられるのであれば、「それならばＡＩを選ぶ」という人や会議の運営者は少なくないはずです。

ＡＩに仕事を奪われないためには　ＡＩを使いこなすこと

では、ＡＩがどれだけ進化しようとも、生き残る可能性が高い仕事や業界は、一体どこにあるのでしょうか？

答えはシンプルです。

日進月歩で進化するＡＩをうまく活用して、自ら価値を生み出せる人や組織が生き残るのです。

前述したクリエイティブ系の職種、例えばイラストレーターやデザイナー、作曲家、作家や映画監督やアーティストなどが、ごっそりすべて生成ＡＩに仕事を奪われてしまうことは、想像しにくい未来です。自分のクリエイティビティを発揮させるための手段としてＡＩを活用できる人や組織であれば、これまで以上に価値が高まるでしょう。

イラストレーターがStable Diffusionが生成したイラストをそのままクライアントに納品しても、そのイラストレーターには他のイラストレーターに比べてほとんど差が付かず、付加価値が認められないことが多いでしょう。しかし、最終的なアウトプットに至るまでの材料の一つとして、自分のクリエイティビティを優先させつつ、アシスタントとしてＡＩを活用できれば、競合との差別化にもなります。

クリエイティビティとは無縁のように思われる、一般企業の営業職であっても同じです。顧客に合った提案メールを生成ＡＩに自動的に書かせるノウハウが身につけば、その人は「細やかな顧客へのメール対応ができる営業職」になれます。

すでに、マイクロソフトが２０２３年3月に発表した、ＧＰＴ－4を搭載した「Microsoft 365 Copilot」を利用すれば、顧客のニーズに応じたビジネスメールを作成できるようになっています。２０２３年5月に発表されたGoogle Workspaceの新機能も、同様の機能を目指しています。

これまでのように1対多でダイレクトメールや広告をばらまくのではなく、それぞれの顧客の属性やニーズに応じた営業メールが、将来的には簡単に自動的に配信されていくことでしょう。


目の前にある仕事に向き合い、方針を定め、要点を取り出すのは、当面はまだ人間だからこそできる仕事です。

自分には関係ないと切り捨てるのでも、よくわからないからと目を背《そむ》けるのでもなく、「どうすればこの可能性を秘めたツールを自分の仕事に活かせるか」を真剣に考えていく。おそらく今後は、すべての業種において、その姿勢がスタート地点になるはずです。

あらゆる仕事のベースに生成AIが組み込まれる

生成AIがあらゆるサービスやプロダクトに実装されていく流れはますます強まってきています。

例えば、WordやExcel、PowerPointに生成AIの機能が組み込まれることで、「あなたが作りたいプレゼン資料はこんな感じですね？」と提案してくれるようになるでしょうし、オンライン会議をすれば、リアルタイムで内容の文字起こしや要約、アジェンダの整理までを生成AIがしてくれるようになります。プレスリリースの文章も、生成AIが数秒で作成してくれます。

音声を文字化する機能や同時通訳の精度はさらに上がり、文脈に沿った自然な通訳ができるようになるでしょう。学校の先生であれば、善《よ》し悪《あ》しは別として、テスト問題を生成ＡＩに作らせることも可能になります。

本書に収録した松谷《まつたに》恵さんとの対談（１４５ページ）でも触れていますが、これまで定量化が難しかったファッションのような領域でも、ＡＩの活用がさらに進んでいくでしょう。匠《たくみ》の技術や伝統の技といったものもデータ化され、習得・再現できるＡＩロボットが農業や工業などの産業分野で活躍するはずです。

このように、ビジネスに与える影響について思いを巡らせると、ありとあらゆる可能性が考えられます。

どれだけ性能が上がっても１００％正確ではない

とはいえ、すでにChatGPTを使ってみた人ならおわかりだと思いますが、生成Ａ

Iの回答や判断が100％正解であることはあり得ません。それどころか、意外と大きなミスや、まったく根拠不明な事実誤認も多いのです。

AIの性能が高くなれば、誤った回答は減るでしょう。しかし、どれだけ性能が高くなろうとも、大量のデータから確率に基づいて回答を生成する仕組みである限り、回答が100％正しいということは、なかなか難しいものです。

相当に高いレベルで「賢い」けれども、ある部分で未熟でもある。

このアンバランスさが、生成AIと向き合う際の今後の課題と言えるでしょう。


ただし、「だから使い物にならない」という判断をすべきではありません。全問正解ではなくとも、仮に80％の正答率があるのであれば、残りの20％の誤りに、人間がチェックして気付けばいいだけではないでしょうか。むしろ、80％も正解を出してくれるのであれば御《おん》の字《じ》であり、残りのエラーをどうリカバリーするかを考えるのが現実的な解です。インターネットも誤情報で溢《あふ》れていますが、更新し続ける検索技術が、使える情報を選べるレベルにまでリカバリーしてくれているのです。

ChatGPTにせよ、他の生成AIにせよ、うまく仕事に取り込めば、作業効率が大幅にアップするケースは山ほどあります。

生成AIでプレゼン資料などのビジネス文書や会議の議事録の要約などを作り、人間が、間違いがないかをチェックしたり、少し手を入れたりするようにするだけでも、かなり生産性が上がるでしょう。

逆に、人間が書いた文書の改善や誤字脱字のチェックなどを生成AIにしてもらえば、人間のチェックよりも確実な側面もあります。

ホワイトカラーの職種において、生成AIが有効なツールとして、今後さらに日常の業務に溶け込んでいく可能性が高いでしょう。

一定の年数が経つと、自分が今使っているサービスが生成AIによるものだと自覚しないまま、まるで空気のように活用していく人たちが多数派になっていくかもしれません。

新しいテクノロジーはいつの時代も賛否両論

冷静に考えれば、100％受け入れられる新しいプロダクトというものは、なかなかありません。

インターネットや携帯電話、メールが登場した最初の数年間も、世の中にはやはり否定的な声が溢れていました。新しいものに拒否反応を示し、頑《かたく》なに拒《こば》んでしまう人々は、いつの時代も一定数いるもので、結局は大きな流れに淘汰されていきます。生成ＡＩについても同じような道をたどっていくのではないでしょうか。

いつの時代も新しい道具は登場しますし、求められるのはそれをよりうまく使いこなせる人材です。「そろばんは得意ですがExcelは触ったことがありません」という人が経理の仕事に応募しても、今の時代に企業から採用される可能性は極めて低いでしょう。

生成ＡＩが新たな職種を生み出していく可能性も

世間の実情としては、「生成ＡＩの進化するスピードが速すぎてついていけない」と嘆《なげ》いている人のほうが、おそらくは圧倒的に多数派ではないでしょうか。

そうした現実を考えると、最新のＡＩ技術と企業や一般のビジネスパーソンの橋渡しをする、いわばエバンジェリスト（伝道師）的なサービスが、今後は大量に生まれていくかもしれません。「業界や企業の特性に合わせながら、どうすれば生成ＡＩを活用できるのか」というマネジメントやコンサルティングができる人材のニーズは高まっていくでしょう。

実際に日本でも、２０２３年４月に、みずほリサーチ&テクノロジーズが、企業の生成ＡＩ活用を支援するサービス「ATHEUS for Generative AI」を始めました。

今、そうしたエバンジェリスト的なポジションに最も近い位置にいる職業は、データサイエンティストかもしれません。

データを収集・分析・活用して、ビジネスのチャンスを広げていくデータサイエンティストのニーズはここ数年で格段に高まっています。専門性の高いITエンジニアとは少し異なり、組織内の各部署が困っていることの解決に向けてデータサイエンスでアプローチしていくのがデータサイエンティストですから、実は、専門性を持ちつつも、他分野のチームと協働できることも必要な職種です。

テクノロジーの進化が急激であればあるほど、ふるい落とされていく人の割合も増えていきます。そう考えると、今後はあらゆる場で「ギャップを埋めていく」というポジションの重要性が増していくことと予想されます。それは、マネージャーレベルだけでなく、経営層でもさらに重要になるでしょう。

「うまくサボれる人」に価値が出てくる

労働とは、本来、汗水垂らして行なうもの。かつてはそのように、努力や労力を美徳とする価値観に日本社会全体が覆われていました。

ある企業に所属するExcelが得意な社員が、マクロを使って自身の仕事の作業効率をひたすら追求し、余った時間はのんびり過ごしていたところ、周囲から白い目で見られて上から叱られたというエピソードがあります。

しかし、本来であれば、企業が本当に重宝《ちょうほう》すべきは、この社員のような人材であるべきです。与えられたタスクを愚直に、真面目にやるだけであれば、できる社員も多いと思いますが、「こうしてはどうか?」と日々の業務に建設的な仮説を持てる社員は多くないのです。

日本企業には努力を過度に美化する傾向があるように感じられます。

ビジネスの現場において、努力したのに実らなかった取り組みは多数あります。世の中に出された製品やサービスを判断するのは常に顧客やユーザーであり、その過程の努力や苦労の有無はあまり考慮されません。いかに結果に結実するような努力の仕方を工夫するか、ということが問われます。

経営陣はもちろん、一人ひとりのビジネスパーソンが、努力の選択肢は新しいテクノロジーによって常に拡大していることを前提として、打ち手を考えなければいけません。

生成ＡＩを使いこなす「機長」になろう

先述のように、２０２３年3月にマイクロソフトが、ＧＰＴ－４を搭載した「Microsoft 365 Copilot」を発表しましたが、このプロダクト名は生成ＡＩとの付き合い方をうまく表現していると思います。

Copilot（コパイロット）とは、日本語に訳すと「副操縦士」です。では、メインの操縦士は誰でしょうか？　それはもちろん、ユーザーである私たち自身です。

生成ＡＩという有能な副操縦士のサポートをうまく活用しながら、より効率的に、主体的に仕事をする。それが、生成ＡＩとの望ましい付き合い方です。


今後、生成ＡＩがどのような進化を遂げていくのかはまだ誰にもわかりませんが、どのルートを進もうとも、「機長」であるために重要なポイントは次の2点です。

①最終チェックは、現時点では人間の役割
②常に「差分を問う」スタンスを持つ

まず、「最終チェックは、現時点では人間の役割」については、ChatGPTが少なくない頻度で突拍子《とっぴょうし》もない回答を返してくることを見れば明らかでしょう。

また、生成ＡＩにインプットされる大量のデータは、そのすべてが妥当性があり、バランスがいいという保証はありません。差別的な思想やバイアスがかかっている情報も大量に紛れ込んでいる限り、炎上やミスが引き起こされるリスクを常に孕んでいます。

実際、マイクロソフトの機械学習したＡＩ「Ｔａｙ」が差別的発言をして問題になった事件が、かつてありました。

生成ＡＩの導き出した回答が事実として正しいかどうかだけでなく、偏見や差別が含まれていないかも含め、最終チェックを行なわなければならないのは心得ておきましょう。そのチェックを手助けするソフトウェアも出てきています。ただ、大きなトラブルやアクシデントが起きたとき、最終的な責任を問われるのは副操縦士ではなく、常に機長です。

生成ＡＩの正確性が99・999％にまで高まる日が来ても、生成ＡＩが最終責任を取ってくれるわけではありません（そのリスクを負ってくれる保険会社は出てくるかもし

【図3-1】生成AIは人間のアシスタントを務めてくれる「副操縦士」

れませんが)。また企業のトップに立ってリーダーシップを発揮してくれる日も、なかなか来ないでしょう。

とても優秀だが、たまにミスをするアシスタントができた。そんな風にAIと付き合っていくのが、現時点ではベストなスタンスです。

経験値が高い人には「差分を問える」優位性がある

生成AIを使いこなすための2つ目のポイントは、常に「差分を問う」スタンスを持つことです。一体、何の差分を問えばいいのか? それは、テクノロジーの差分です。

第2章で述べたように、ChatGPTが世界的流行を引き起こすずっと前から、幾度《いくど》もの冬の時代を乗り越えて、AI研究は進められてきました。ChatGPTがどうこれまでと違う技術なのかを深いレベルで理解できているのは、その前段階を知っている人たちです。話題になった技術に後から着目して、それが廃《すた》れたら次々とトピックを乗り換える批評家も多いですが、それでは表面的な理解にしかならず、大局観を見誤ります。妄想やエンターテイメントならばまだいいのですが、単に売れているからという理由で取り上げて、ビジネスや行政など実務に関わる人がその見解に基づいて判断を下すと、大きな間違いにつながりやすくなります。売れている＝多数の人にとってわかりやすい＝正しいとは限らないのです。

トランスフォーマーの論文は画期的な論文ですが、だからと言って、その論文が本として書店で発売されてもベストセラーにはならないことを考えてみてください。「多数＝正しそうである」ということは、その集団が十分に技術とビジネスに詳しいということが前提でなければ成り立たないのです。それを理解できるからこそ、新しい技術の価値と革新性について正しい判断を下せるのです。

もっと身近な領域、例えばインターネットの歴史を振り返りながら考えてみるとわかりやすいでしょう。

1990年代後半のインターネットは、電話回線を使ったダイヤルアップ接続でした。「ピーヒョロロー」という音を聞きながら、電話回線でインターネットに接続するまでの時間を過ごした記憶がある人も多いでしょう。それが光ファイバーになり、画像も一瞬で送受信できるようになり、今ではスマホで動画の視聴もできるようになりました。

今の若い人にとっては当然のことでも、ダイヤルアップ接続をリアルタイムで体験した世代からすれば、インターネットの進化がいかに劇的なものなのか、あらためて実感できるはずです。


「その前」の時代を知っているから、最新のものとの「差分」がわかる。これはすべてのテクノロジーに共通することです。

いかなるテクノロジーであろうとも、唐突にパッと登場することはあり得ません。掘り起こしていくと必ず失敗と制約の歴史があり、だからこそ今花開いているのだという現実が見えてくるはずです。

ChatGPTも同じです。GPT－3・5の前にはGPT－1、GPT－2、GPT－3がありました。その時代をつぶさに見てきた人ほど、今のGPT－4のすごさがわかるでしょう。


原理を完璧に理解しなければならないわけではありません。しかし、テクノロジーの進化をウォッチしておき、できれば触って試しておく経験は重要です。

トレンドに敏感でフットワークが軽いのは若い世代の強みですが、40代以上のベテランには人生の経験値と、そこで養ってきた目利《めき》き力という優位性があります。新しいトレンドが登場すると、若い世代ほど熱狂に惑《まど》わされて過剰な期待を抱きがちですが、ベテラン世代は期待値を上げすぎずに向き合えるのもメリットでしょう。

ただ、ベテラン世代であっても、0から考える習慣がなければ、逆に過去の延長線上に囚われすぎて「どうせこうだろう」と考え、間違った判断をしてしまうケースもあります。

「新しいテクノロジーは若い世代に任せる」と食わず嫌いのまま丸投げしてしまうのも極端です。どちらの視点も持てるように、好奇心を持ち、学び、試し続ける習慣を身につけなければなりません。

生成ＡＩのリスクも頭に入れておくべき

一方で、企業が生成ＡＩを活用するのであれば、リスクへの配慮も必要です。

生成ＡＩをビジネスにどう活用するか、各社が焦っている一方で、各国の法整備はまだ現実に追い付いていない状況です。先述のように著作権の問題も完全にクリアになっているわけではありませんし、特にＥＵのなかには個人情報の扱いについて強い懸念を持つ国もあり、イタリアが一時的にChatGPTの使用を停止するなどの動きもあります。２０２３年5月に広島で開催されたＧ７でも、生成ＡＩをめぐる議論が行なわれました。

遠からず国際的な指針が出てくることが予想されますが、企業が自らリスク管理をすることも必須です。活用の方向性を慎重に探りながらも、並行して、社員のＩＴリテラシーを高める努力も継続していかなければなりません。生成ＡＩが作った文書に他の文書からの剽窃《ひょうせつ》が混じっていないか。生成ＡＩが作った広告のクリエイティブに、著作権的にグレーな画像や動画が入り込んでいないかなど、慎重にチェックしていく体制も求められます。

日本の大企業は今のところ慎重な姿勢を見せていますが、いつまでも足踏み状態では大きな成長の余地を逃すことにもなりかねません。技術の動向と構造を正しく理解し、見極めた上で、体制を構築する必要があります。

対談②

生成AIを、いかにビジネスに取り入れるか

——山本康正×松谷 恵

（対談実施日：2023年3月24日）

松谷 恵

D Capital㈱取締役／パートナー

東京大学工学部航空宇宙工学科卒業、マサチューセッツ工科大学航空宇宙工学科博士課程修了。NASAのラングレー研究所などでの航空機制御理論研究を経て、米ゴールドマン・サックスにてトレーディングの自動化に関する研究開発に従事。その後、㈱ZOZOのテクノロジー子会社の取締役CSOとして研究開発組織の構築とAIの研究開発およびデータ戦略を推進。2021年、パートナーとしてD Capital㈱を立ち上げる。

◉これまで定量化できなかったデータも活用できるように

――お二人のご関係は？

山本　松谷さんとはボストン留学時代にも日本人の交流会で何度かお会いする機会がありました。現在も、私がD Capital のDXアドバイザーを務めていることもあって、一緒に仕事をさせてもらっています。

――松谷さんは、NASAのラングレー研究所、ゴールドマン・サックス、そしてファッション通販サイトのZOZOと、まったく異なる業種を渡り歩いています。

松谷　ラングレー研究所では航空機の制御の自動化の研究に取り組んでいました。手法としては昨今《さっこん》のAI研究と呼ばれるものに通じるところとなります。ニューラルネットワークに注目している研究コミュニティもありましたが、その一手法であるディープラーニングが発展を遂げる前のことです。

ゴールドマン・サックスではトレーディングの自動化のために、ZOZOではマーケティングの高度化のためにAIの研究開発をしていました。

分野はそれぞれ異なりますが、大規模データ活用およびAIの研究開発をしてきたという点では変わっていません。

山本　ZOZOはウェブサービスですから、大量の情報が収集できて、それをAI開発に活用できますね。

松谷　ユーザーの属性、購買履歴、ファッションコーディネートアプリ「WEAR」から得られる画像データなどの膨大なデータを活用して、需要予測、レコメンド機能の向上、ユーザーの購入意欲を高めるためのマーケティング施策などに取り組んでいました。

また、経済学者の成田悠輔さんと共同で「社会的意思決定アルゴリズム」を開発し、オープンソース化することもしました。これは、2020年度の日本オープンイノベーション大賞で内閣総理大臣賞を受賞しています。

山本　ZOZOが早稲田大学と共同開発して2022年11月に発表した「ファッション・インテリジェンス・システム」も画期的なサービスですね。

松谷　ファッションについての感覚は人それぞれで、定量化が難しい領域です。例えば「オフィスカジュアル」といっても、人によってイメージするものがかけ離れていることも珍しくありません。そうした特有の難しさがあった領域において、例えばユーザーが曖昧《あいまい》な表現で質問をしても、AIにより解釈が可能となる本成果は、他分野への応用の可能性も秘めています。

山本　これまで数値化されてこなかったものを、統計的にデジタルデータ化できたということですね。この意義は大きいです。人間の感覚はどうしてもバイアスがかかりやすいですから。

松谷　ＡＩや機械学習を活用した新しいサービスを開発するだけでなく、一般のユーザーが手軽に使えるようにすることもポイントだと思います。ChatGPTも、誰もが簡単に利用できることが革新的でした。

技術的な進展とオープンソース化によって、ＡＩの価値は今後さらに、あらゆる産業にとって高まっていくことは間違いないでしょう。企業はＡＩをいかに活用するかを問われる時代になっています。ＡＩの活用こそが、企業の価値向上や生き残りにかかわる重要な要素になるはずです。

私がD Capitalを立ち上げたのも、ファンドという形で、これまでＡＩのような最先端技術の活用が難しかった日本の中小企業に貢献したいと考えたからです。

◉新しい技術を活用することで酒造も旅館も成長できる

――ChatGPTの登場以降、一般の人たちの間で生成AIに対する注目度がかつてなく高まっています。

松谷　革新的な技術が突然ポンと現れたわけではなく、生成ＡＩの技術自体は脈々と続いてきた研究開発の成果です。ここに至るまでに数々のモデルが競争しながらパフォーマンスを向上させてきました。一般ユーザーにとっては革新的に見えても、多くの研究者にとっては、これまでに積み重ねた研究の延長線上にある流れとして捉えられています。

山本　パラダイムシフトが突然現れたわけではないのですが、多くの日本企業にとって、生成ＡＩはまだ身近なものではありません。喫緊《きっきん》の課題としては、生成ＡＩに何ができて、何ができないかを十分に理解することでしょう。そのためには、まず、どのような活用事例があるかを知り、実際に試してみることが大切です。

松谷　重要なポイントは、どのような産業の企業にも可能性があるということ。各企業が持ち得る、またはアクセス可能な独自のデータを、先進的な手法と組み合わせることで、面白いものができるかもしれません。それが新規事業の種になることもあるでしょう。

山本　企業がこれまで蓄積してきた知見を新たな形で活用し、価値を生み出すということですね。

松谷　日本の中小企業には、従来の成功体験に基づいて旧態依然の経営をしているところが多い傾向が見受けられます。

旧来的な経営手法では、どうしても成長の限界がある。そのことはわかっているし、新しい技術の導入を検討しているけれども、何から始めたらいいのかわからない。そういう状況にある企業が圧倒的多数ではないでしょうか。

しかし、一見するとテクノロジーとは無縁に思える産業の既存企業でも、生成ＡＩそのものではありませんが、デジタルおよびデータ活用技術を積極的に導入して業務改善を実現した例は多くあります。

有名な事例では、日本酒の「獺祭《だっさい》」を造っている山口県の旭酒造があります。日本酒造りというと伝統的な製法と杜氏《とうじ》の経験がものを言う世界だと思われがちですが、旭酒造は、醸造する温度やアミノ酸の量など、酒造りの工程を徹底的にデータ化して管理することで、質の高い日本酒を大量に生産することに成功しています。

経営難に陥《おちい》っていた神奈川県の老舗《しにせ》旅館「陣屋」は、コスト削減と効率化のために顧客管理とマーケティングを自動化しました。予約、会計、設備管理など、旅館・ホテルに特化したあらゆる機能をデジタル化したのです。さらには、それらを「陣屋コネクト」というクラウドサービスとして、現在は他の旅館にも提供しています。新規事業が生まれたわけです。

このように、伝統的な産業でも、テクノロジーを活用することで成長している企業は少なくありません。

山本　ＡＩの活用は、日々の業務改善から始めて、その過程でスキルや経験を蓄積していった上で、自社のデータや顧客基盤、独自の強みを活かして、新しいサービスの開発へとつなげていく、という流れがいいでしょうね。

松谷　そうですね。テクノロジー活用に不慣れな企業であれば、最初から「ＡＩで新規事業を立ち上げよう」などと大きな目標を立てることはお勧めしません。まずはＩＴインフラ整備やデータ活用などによる業務改善から始めて、組織や社内文化をテクノロジーとの親和性が高いものにしていくことが先決だと思います。

◉AIコンシェルジュがポケットにいる時代が来る

――生成AIの巨大なムーブメントは、ビジネスだけでなく、私たちの生活にも大きな影響を与えることが予測されます。

山本　例えば、休日に子どもを連れてどこかに遊びに行こうとする人は、自分で行き先を検索して、グーグルマップでそこまでのルートを調べるという人が多いでしょう。そこで得られる情報には、自分の検索スキルという限界がありました。

しかし、生成ＡＩがさらに進化していけば、自分の検索スキルによらず、よりよい選択肢が一瞬で得られるようになるはずです。

いわば、生活全般において、自分のポケットに常にコンシェルジュが入っている。そんな未来が当たり前になりそうです。

松谷　スマートフォンが登場したときも、情報へのアクセスのしやすさが向上したことで、利便性が大きく増しましたよね。今や、スマートフォンがない生活は考えられません。生成ＡＩも人間にとってスマートフォン同様に生活を変え得る存在だと思います。

ただ、それは同時に、人間というものの価値についてのパラダイムシフトを引き起こす可能性も秘めていると思います。

ChatGPTは、アメリカの医師資格試験やペンシルベニア大学ウォートン校のＭＢＡコースの授業の試験など、難関とされる試験で合格ラインに達して話題となっています。また、先日、北米の物理学科で教員をしている友人が作成した大学院博士課程の試験を解かせてみたら、合格ラインに届かずとも結構いい線を行っていたので驚きました。

こうなると、「ＡＩが大多数の人間より優秀ならば、そもそも勉強なんかせずに、すべてＡＩに任せてしまえばいいじゃないか」と考える人が出てきてもおかしくありません。「人間が学ぶ意義」が改めて問われる時代がすでに到来しているのです。

ＡＩの普及によって人間の仕事が奪われるという議論はずっとされてきましたが、生成ＡＩの進化によって、コピー＆ペーストで実は事足りるような仕事は、今後急速に失われていくかもしれません。

すでに生成ＡＩが描いたイラストが世の中で量産されていますが、それに人間が価値を感じるのであれば、芸術的、商業的価値の再定義も求められることになるでしょう。

音楽を作る生成ＡＩもあります。それを使えば、例えばクラブで流すＢＧＭも作ることができます。でも、これまでの人類のベストアルバムとも言えるクラシック音楽に並ぶような作品は生まれるでしょうか。生成ＡＩに、これまでにない新しい一分野を築くようなことはできるのか。そうした視点から考えると、最終的にクリエイターがゼロになるような未来はあり得ないと思います。

しかし、自身の日々の仕事や活動がルーティンに陥っている場合は、生成ＡＩによって淘汰されるかもしれません。クリエイター間の格差が広がるのではないでしょうか。

◉価値が高まるのはビジョンを描ける人

松谷　同様の格差は、例えばエンジニアにおいても顕著《けんちょ》に現れるでしょう。指示されたコードを書いているだけのエンジニアは淘汰されます。

山本　つまり、ビジョンを描ける人の価値がより高まるということですね。指示されたことをただ行なうのではなく、自分で問いを作り出せるような人材が求められていく。

松谷　そうした未来を見据えると、教育のあり方も変わっていくことが避けられません。単純な知識の蓄積だけでも、ＡＩに任せればいいと思考停止しても、生き残れる人材になりません。自分で問いを組み立てるトレーニングが必要になると思います。

ＡＩ技術の浸透はこれからの若い世代にも強い影響を与えるでしょうし、おそらくその世代の世界観はこれまでとはまったく違うものになるでしょう。そのぐらいの大きな意識上の変化も起こるのではないでしょうか。

山本　直近で起こり得る変化としては、単純作業やアウトソーシングできる作業はどんどんＡＩに代替されていくことが予測されます。例えばコンサルタントでも、パワーポイントの資料づくりだけが成果物になっている〝パワポ職人〟に近い若手の方はＡＩに代替される部分が多い。組織から重視される能力が、これまでとは別物になっていきそうです。

これらの大きな変化に無関係でいられる産業は存在しません。これから数年間でＡＩが社会のあらゆる領域にもたらすであろう変化や影響に今から気付いて手を打っておかなければ、時代からふるい落とされてしまう。大災害が起きたときに逃げ遅れてしまうようなものです。そんな状況に陥らないためのアクションが必要です。

※本対談は月刊『THE21』2023年7月号に掲載されました。

GPT」を
いのか

第 4 章

日本企業は
「アフターChat
どう生きればい

生成AI開発で遅れている日本企業は何をすべきか

ChatGPTの登場以降の世界で、生成AIを使ってみないという選択肢は、現時点のビジネス環境においてはいい打ち手ではないでしょう。

では、日本のビジネスパーソンは、そして日本企業は、これからどう歩みを進めていけばいいのか？

ここまで読んでくださった方の多くは、おそらく自らの足元を点検しながら、そう考えているのではないでしょうか。

生成AIの開発において、日本企業は世界のトレンドをリードできているのかという問いに対する現時点での答えは、残念ながらNOです。

今現在、生成AIブームの先頭を走っているのは、覇権争いをするマイクロソフトとグーグルをはじめとした海外のビッグテックとスタートアップがほとんどです。後述する日本特有の事情もあり、海外に比べると厳しい状況に置かれているのが今の状況でしょう。

「いつかなんとかなる」や「昔の日本の製造業はすごかった」という甘い幻想をいったん捨て、冷静に現実を見据えることでしか、打開策は見つかりません。本章では、日本企業が劣位《れつい》な条件下にある現実を踏まえた上で、ではどのように未来を変えていけるのか、各企業がすべきことは何かについて論じていきたいと思います。

日本語というマイナー言語ゆえの不利さ

生成AIの開発で日本企業が後れを取っている理由の一つとして、自然言語を処理する大規模言語モデルの開発は、英語圏のほうが有利だということがあるでしょう。

ＡＩに自然言語を学習させるためのテキストデータは、日本語よりも、英語のほうが圧倒的に多くあります。今さら言うまでもなく、英語は世界中で使われているグローバルな言語だからです。そのため、生成ＡＩの自然言語処理は、英語での開発優先度が上がり、精度も最も高くなりやすいのです。

ChatGPTも、日本語にも対応していますが、英語で質問したほうが、より精度の高い回答をします。ＧＰＴ－３・５からＧＰＴ－４へのアップデートによって日本語での精度も向上したのは喜ばしいことですが、それでも英語と比べると劣ります。

ほぼ日本という島国でしか使われていない日本語は、世界的に見ればマイナー言語です。その日本語を、わざわざ生成ＡＩに学習させる優先順位は、海外の企業ならなおさら相対的に低くならざるを得ません。市場規模を比較しても、何か特別な事業であったり狙いがあったりしなければ、生成ＡＩの開発で鎬《しのぎ》を削っている最先端企業があえて日本語への対応を優先させることはありません。

日本語の構造にも不利な面があります。ひらがな、カタカナ、漢字が入り混じる上に、主語が省略されやすいなどといった日本語の特徴は、シンプルな構造の英語と比べると扱いにくいのです。

それぞれに固有の言語を持つ他国についても同じことが言えるかもしれませんが、少なくとも日本語ゆえの不利さがあることは頭に入れておいたほうがいいでしょう。

それでも、今、トレンドの波に食らい付いていかなければ、日本企業の比較優位性は、低いところから、さらに低くなってしまいます。

そのことを理解している先進企業は動き始めています。

2023年5月、メルカリがグループ内横断の生成AI・大規模言語モデル専門チームを新たに設置しました。同社の研究組織がこれまで培《つちか》ってきたAI技術の知見を活かしつつ、生成AIと大規模言語モデルの既存プロダクトへの実装による生産性向上や課題解決を目指すと宣言しています。

日本語に特化すれば日本企業が有利か？

日本語に特化した生成ＡＩを開発するという道も、日本企業にはあるかもしれません。例えば、先述したように、ＬＩＮＥとＮＡＶＥＲは共同で日本語に特化した大規模言語モデル「HyperCLOVA」を開発しています。

ただ、日本企業や日本人ではなくても、生成ＡＩに日本語を学習させることはできます。53ページで対談をしたジェリーさんも流暢な日本語を話しますし、ChatGPT開発チームで日本担当のシェイン・グウさんは、日本で生まれ育った中国系カナダ人です。日本語で独自に開発したからといって、英語での最先端の開発状況を把握した上で、日本語にそのアルゴリズムのいいところを使うという順番に、勝てるとは限らないでしょう。

2023年4月に来日したオープンAIのサム・アルトマンCEOは、日本に拠点を設けることを検討していると発言しています。ただ、かつて、グーグルが2001年に日本オフィスを最初の国際オフィスとして開設したにもかかわらず、デジタルの競争力では、日本は先進国のなかで非常に遅れた状態が続いており、利益も結局は海外に出てしまうことを考えると、手放しで喜ぶことではないでしょう。

難しそうなことは海外に「お任せ」。そんな甘い話はありません。自力で考えることを放棄した企業は方向性を失ってしまいます。

日本の強みが活きるのは「遊び」のサービス

日本におけるテクノロジーの歴史を振り返ると、効率性や合理主義が重視されるアメリカとは異なる、独自のユニークさがあることに気付きます。それは「遊び」の領域から技術が発展していく点です。

２０２３年5月、ＬＩＮＥはChatGPTとのコラボレーションで、好きなＡＩキャラクターを作成し、会話ができるサービス「ドリームフレンド」をリリースしました。ＡＩで作ったオリジナルキャラクターと会話し、育成できるというユニークなサービスです。こうした発想は、漫画やアニメが多い日本に生まれやすいでしょう。

画像生成ＡＩのStable DiffusionやMidjourney、DALL・Eで「お絵かき」を積極的に楽しんでいるユーザーが多いのも、日本の特徴です。漫画やアニメなどの素地《そじ》があるからでしょう。Midjourneyをベースにした「にじジャーニー」や、Stable Diffusionをベースにした「Novel AI」といった、アニメ風のイラストを描く画像生成ＡＩの人気が高いことからも、それが窺《うかが》えます。

テクノロジーを使った日本人の「遊び」が世界に広まった例としては、「絵文字（emoji）」があります。日本の携帯電話「ｉモード」から生まれた絵文字は、カジュアルなコミュニケーションのために多くの人々に支持されています。2008年にはグーグルが日本の携帯電話の絵文字をUnicode（ユニコード）に加える計画を公表、世界中にemojiという言葉が普及するきっかけとなりました。

さらに遡《さかのぼ》れば、家庭用ゲーム機でも、任天堂のファミコンが世界を席巻《せっけん》しました。アメリカのアタリが大きなシェアを占めていた北米市場を、後発の任天堂が奪ったのです。「スーパーマリオブラザーズ」は世界的なコンテンツになりました。2023年に公開された、CGを駆使した映画も大人気です。

コンテンツやテクノロジーの活用でどれだけユーザーの心を動かせるか、という勝負においては、日本企業が勝てる要素があります。

生成AIにおいても、日本企業は技術的な優位性においては現状で負けていますが、独自のコンテンツを活用したビジネスであれば、チャンスをつかめる可能性がまだあるはずです。

極端な話、プログラミングやエンジニアリングの専門知識がない中学生であっても、生成ＡＩが専門性を補完してくれることで、ユニークなサービスを生み出すことが可能かもしれません。

スタートアップにもチャンスがあります。大企業は目をつけないようなニッチな領域を複数見つけて生成ＡＩを活用し、サービスを拡大・統合させながらコングロマリットになっていく、というルートもあるはずです。

画像生成ＡＩの活用に日本企業の勝機がある

世界的に見て、日本企業に残されている生成ＡＩの独自のビジネスチャンスは、対話型ＡＩだけではなく、画像や音楽など、非言語のジャンルにもあると個人的には思っています。

日本語がマイナー言語ゆえの不利さは前述した通りですが、画像などであれば、一点突破のチャンスがあります。

ＺＯＺＯは、２０２２年12月にリアル店舗をオープンさせ、同社独自のＡＩ「niaulab AI by ZOZO」とプロのスタイリストが顧客に合ったコーディネートを無料で提案するサービスを開始しました。ＡＩと人間のプロが知見をかけ合わせてファッションを提案するということの取り組みも先進的と言えるでしょう。

一方で、チャンスが渦巻くマーケットにはリスクも必ず潜《ひそ》んでいます。

例えば、自社サービスで使いたい生成ＡＩを開発しているスタートアップに出資をしようとしても、現在の生成ＡＩの投資市場は待機資金が積み上がっている状態で、バブルになる可能性もあります。また、過去に日本企業がＡＩ分野で世界的ないい投資をできた事例は、残念ながらほぼありません。日本企業が周回遅れである自覚を持ち、投資でババを引かされないように警戒する必要もあるでしょう。

一定のルールを設けて業務で生成AIを利用するべき

生成ＡＩの自社開発や、生成ＡＩの開発企業への出資が難しいのであれば、他社が開発した生成ＡＩを複数同時活用するのが、自社の成長を促す最善ルートです。その際、まずは社内で生成ＡＩを実装・活用していくのがいいでしょう。英語とテクノロジーがわかって、生成ＡＩを扱うことができる人材を集めることも重要です。

しかし、現在、日本の大企業は、先述のように一部で生成ＡＩ活用の動きがあるものの、ほとんどは慎重な姿勢を見せています。

情報の外部漏洩《ろうえい》リスクや著作権の問題など、さまざまなリスクが存在するがゆえに、大企業ほど動きづらいのかもしれません。インターネットやクラウドサービスが登場したときと同様の構図が、生成ＡＩのムーブメントでも繰り返されているようです。

もちろん、ChatGPTを全面的に信用して企業秘密を打ち込んでいいわけではありません。生成ＡＩは入力した情報をベースにアウトプットをする仕組みですから、しかるべき利用法をしなければなりません。韓国のサムスン電子は、ChatGPT経由でソースコードが社外に流出したとして、社員に生成ＡＩを利用しないように指示しました。

とはいえ、全面禁止とするのは行きすぎです。ある程度までのラインであればChatGPTを活用しても問題なし、という社内ルールを設けた上で、活用法を試行錯《しこうさく》誤《ご》していくほうが、メリットがあるでしょう。

なお、ChatGPTは入力した内容をＡＩの学習に利用しないように設定することができ、有料サービス「ChatGPT Plus」は、入力した情報をChatGPTの改善には使わないとしています。

故障箇所の写真に生成ＡＩが応える未来も

それならば、例えば、自社の公式サイトに生成ＡＩを使ったチャットボットを新しく置いてみるところから始めてみようか、と考える企業もあるかもしれません。

かつてはＦＡＸだけだった問い合わせ窓口がＥメールに置き換わったことで、画像の添付《てんぷ》など、従来はできなかったことがたくさんできるようになりました。同じように、生成ＡＩに置き換えると、従来のチャットボットではできなかったことができるようになり、対応の幅が広がります。そのため、インターフェイスを作り替える必要が出てくるでしょう。この領域は、開発の余地が広く残っています。

例えば、「家電が壊れてこんな不具合が出ている」と人間が口頭で伝えるよりも、スマホで撮った故障箇所の写真を生成ＡＩに見せたほうが、確実な対処法を示せるかもしれません。

社内での活用なら ナレッジのデジタル化から

生成ＡＩの社内活用を考えるのであれば、デジタル化されたテキストベースのナレッジ（知識）を、クラウドなどを活用して全社的に共有できる形にすることが、まず必要でしょう。

経費精算などの手続きの方法、やり取りの履歴などの顧客情報、新人研修のノウハウなど、テキスト化できる社内のナレッジを学習させておき、わからないことがあったとき、いちいち担当者に聞かずとも、対話型ＡＩに質問すれば仕事が回るようにするのです。いわば、生成ＡＩを「頼れる先輩」のように使うわけです。

業務改善のためのコンサルタントの仕事も、端的に言えば、社内のナレッジの整理ですから、もしかすると大部分がＡＩに置き換えられていくかもしれません。

ただし、そうは言っても、現場で意思決定を下すのは人間です。また、すべてのナレッジがテキスト化、数値化されるのは、まだまだ先の話でしょう。「この人がそう言うのであれば説得力がある」という要素が仕事で重要であることは、近い未来は変わらないと思われます。

きれいなPowerPointの資料は生成ＡＩが作るのを支援してくれるようになります。コンサルタントや営業職、管理職などが磨くべきは、「この人が言うと心に刺さる」「納得感がある」と相手に思わせる、数値化されにくいコミュニケーション能力になるはずです。

海外で学ぶ人材をどんどん増やすべき

ここでいったん足を止めて、日本社会全体のもう少し先の未来について考えてみましょう。

今現在、欧米で起きている生成ＡＩ開発競争の最先端に食らい付き、猛追《もうつい》できている国は、もう一つのＡＩ大国となった中国です。

百度、アリババなどのビッグテックだけでなく、新興のスタートアップも独自の大規模言語モデルを次々に発表。商業化に向けて猛スピードで開発競争が繰り広げられています。

これは、アメリカで最先端のテクノロジーを学んだ大勢の中国人が帰国して活躍していることの一つの表れだと見ることができるでしょう。海外の研究者を自国に招致する「千人計画」の成果が花開くステージに入ってきたという見方もできるかもしれません。中国政府がデータサイエンティスト育成やデータドリブン社会の構築に向けて注力してきたことも大いに影響しているでしょう。

気の長い話になりますが、日本も今からでも官民一体となってこうした施策を打ち出していくべきでしょう。海外、特にアメリカへ留学する日本人が少なくなっている現状は、日本の将来のために憂慮《ゆうりょ》すべきです。

優秀な人材の母数が増えるほど、天才的なスーパーエンジニアが誕生する確率も上がります。このジャンルは、100人の優秀なエンジニアよりも、たった一人の天才が群《ぐん》を抜いた付加価値を生み出すジャンルです。少子化が進む日本でそうした天才を内製し、囲い込める可能性は限りなく低い。

このような実情を踏まえると、まずは優秀な人材を積極的に海外に送り出し、本場のトップ大学やビッグテックで実力をつけてもらい、日本に戻ってきてもらう。そうしたことを国策として行なわなければいけない局面に来ています。

生成AIでも米中の分断が起こる

米中の対立が続き、ファーウェイなどの中国企業の製品がアメリカから排除されてきています。中国発のアプリであるTikTokも禁止する動きがあります。いずれも、安全保障の観点からです。

生成AIにおいても、ユーザーが入力したデータが開発元に漏洩する可能性が指摘されています。それであれば、中国企業が開発した生成AIも、アメリカから排除される可能性があるでしょう。

そのとき、日本はどちらの生成AIを使うかと言えば、機密情報については欧米のものを選ばざるを得ない状況です。日本企業は、価格などの条件で中国の生成AIを選ぶのではなく、アメリカなどの西側諸国が開発し、運営している生成AIを主に使うことになります。

東アジアでは、韓国や台湾も、安全保障の観点でアメリカと協力することが見込まれます。一方、ヨーロッパやアフリカには、経済的な状況もあり、中国に近付いている国も見られます。

単に性能や価格だけではなく、こうした地政学的リスクにも目を向けておく必要があります。

おわりに

多くのビジネスパーソンは、新しいテクノロジーを、ビジネスという土台の上に乗るものだと捉えているようです。しかし実際は、テクノロジーという土台の上で、ビジネスが展開されています。

宇宙の中心は地球ではなく、実は、地球は太陽のまわりを回る星々の一つだったという、天動説から地動説へのパラダイムシフトとも共通する認識の変更が急務です。テクノロジーが企業や国家のパワーバランスを変えている時代がすでに到来しています。

日本の経営層では技術を大学で学ばなかった方が多数を占めており、新しいテクノロジーに対してどうしても抵抗感があったり、理解不足から対応が後手《ごて》に回ってしまう傾向にあります。役員レベルのポジションに最低でも一人は最新のテクノロジーとビジネスの両方を正確に理解できる人材を据えておく必要性が、今後、ますます高まるでしょう。

海外から人材を招致するのであれば、日本語を話す、日本贔屓《ぴいき》をしてくれるといったことは、あえて選考では考慮しないほうがいいでしょう。純粋に実力で評価すべきです。特に、海外の大学の人材は、テニュア（終身雇用の大学教員資格）での教授職を得ている人材を選ぶことをお勧めします。海外のトップ大学の終身雇用であれば、より厳格なアカデミアでの訓練を受け、かつ、企業の顔色を窺わず、率直な意見を述べられる立場にあるからです。


生成ＡＩはすべての願いを叶《かな》えてくれる魔法の杖ではありません。

原理はまったくわからない、けれども、何やらすごいらしい。そうした断片的な情報だけで過剰にＡＩに期待を抱き、思った通りにならないからと勝手に失望してしまってプロジェクトを中断してしまう。経営のビジョンにデジタル化がきちんと自分の言葉で組み込まれず、そうした事態になってしまうことを防ぐためにも、本書が生成

ＡＩを取り巻く現状を正しく理解する補助線となることを切に願っています。

生成ＡＩが登場した今、我々の創造性など、人類特有と思われていたことが、これからどうあるべきなのか、再考・再定義しなければならないでしょう。意思決定者の理解のないままの技術進歩は社会の分断を引き起こしかねません。

建設的な感想、ご指摘などは、yamamototech2020@gmail.com にメールでお送りいただくか、左のＱＲコードを読み取って、お問い合わせフォーム（https://bit.ly/30z56tm）よりいただけましたら幸いです。

２０２３年６月

山本康正

編集協力――阿部花恵
イラスト――齋藤稔（株式会社ジーラム）

PHP
Business Shinsho

山本康正（やまもと・やすまさ）
京都大学経営管理大学院客員教授
1981年、大阪府生まれ。東京大学で修士号取得後、三菱東京UFJ銀行（現・三菱UFJ銀行）米州本部にて勤務。ハーバード大学大学院で理学修士号を取得後、グーグルに入社し、フィンテックやAIなどで日本企業のデジタル活用を推進。京都大学大学院総合生存学館特任准教授も兼務。主な著書に『2025年を制覇する破壊的企業』（SB新書）、『2030年に勝ち残る日本企業』『入門 Web3とブロックチェーン』（ともにPHPビジネス新書）などがある。

PHPビジネス新書 463

アフターChatGPT
生成AIが変えた世界の生き残り方

2023年7月14日 第1版第1刷発行
2023年9月21日 第1版第2刷発行

著者 山本康正
発行者 永田貴之
発行所 株式会社PHP研究所
東京本部 〒135-8137 江東区豊洲5-6-52
ビジネス・教養出版部 ☎03-3520-9619（編集）
普及部 ☎03-3520-9630（販売）
京都本部 〒601-8411 京都市南区西九条北ノ内町11
PHP INTERFACE https://www.php.co.jp/
装幀 齋藤 稔（株式会社ジーラム）
組版 有限会社エヴリ・シンク
印刷所 株式会社光邦
製本所 東京美術紙工協業組合

 ISBN978-4-569-85512-7

「ＰＨＰビジネス新書」発刊にあたって

わからないことがあったら「インターネット」で何でも一発で調べられる時代。本という形でビジネスの知識を提供することに何の意味があるのか……その一つの答えとして「**血の通った実務書**」というコンセプトを提案させていただくのが本シリーズです。

経営知識やスキルといった、誰が語っても同じに思えるものでも、ビジネス界の第一線で活躍する人の語る言葉には、独特の迫力があります。そんな、「**現場を知る人が本音で語る**」知識を、ビジネスのあらゆる分野においてご提供していきたいと思っております。

本シリーズのシンボルマークは、理屈よりも実用性を重んじた古代ローマ人のイメージです。彼らが残した知識のように、本書の内容が永きにわたって皆様のビジネスのお役に立ち続けることを願っております。

二〇〇六年四月

ＰＨＰ研究所

PHPビジネス新書

2030年に勝ち残る日本企業

山本康正　著

GAFAを代表格とする「ディスラプター（破壊者）」が市場を作り変えている今、日本企業が取るべき次なる戦略を業界ごとに示す。

PHPビジネス新書

AI時代の「超」発想法

野口悠紀雄 著

長年、圧倒的な量の知的生産を行なってきた著者が明かす「発想の極意」とは？　AI時代に求められる「発想・アウトプット」の全技法！

PHPビジネス新書

未来実現マーケティング

人生と社会の変革を加速する35の技術

神田昌典 著

未来を読み解くには「マーケティング」を知ればいい！　カリスママーケターが満を持して説く「来たるべき未来とその対処法」とは。

PHPビジネス新書

世界インフレと日本経済の未来

超円安時代を生き抜く経済学講義

伊藤元重　著

お金の流れを見れば「日本の勝機」が見えてくる！　東大名誉教授が教える「超円安時代」を生き抜く経済学講義！

PHPビジネス新書

日本経済 復活の書

2040年、世界一になる未来を予言する

鈴木貴博 著

日本経済復活のために解決すべき「10の不都合な論点」とは？ 未来予測のプロが今後の展望と、大胆な「日本列島改造案」を説く。